JN234078

まるごと牛乳パック
リサイクル工作ランド

おもちゃ！ゲーム！
空き容器でつくるおもしろグッズ

木村 研
【編著】

いかだ社

はじめに

　娘が保育園に通っていたころ、先生（保母さん）たちが牛乳パックを使っていろんなものをつくっていました。ぬれタオル入れやクツ入れ、ほかにイスや机もありました。それらにはきれいな紙や布がはってあり、木やプラスチックのものよりも暖かく感じられたことをおぼえています。
　その後おもちゃの本を書くことが多くなり、児童館などに講師で行く機会もふえました。
　「牛乳パックがたくさんあるんですけど、これを使って何かできませんか？」
　と、職員の人たちから相談されることが何度かあり、知らず知らずのうちに牛乳パックを意識するようになっていったのです。
　牛乳パックは、軽くて水に強い箱です。それでいて、カッターナイフなどでキズをつけると、かんたんに折ったり切ることができる工作に便利な紙です。
　この本では、おもちゃやパズルのほかにも牛乳パックの特徴を生かしたものをいろいろ紹介しています。たくさんつくってプレゼントしたり、夏休みの自由研究に役立てていただけたら幸いです。
　牛乳パックは日ごろからためておきましょう。箱のままで保存できればいいのですが、けっこうかさばるものです。底を切りとって、輪切りできるようにつぶしておくなど、目的に応じて保存しておくとよいでしょう。
　牛乳パックに新しい命をふきこんでくれることを期待しています。

　　　　　　　　　　　　　　　　　　　　　　　　　　木村　研

目次

はじめに………3
カッターナイフの安全な使い方………8

よく飛ぶよ！　飛ばして遊ぶおもちゃ

1 ねらいをさだめて
　パチンコ………10

2 ピョンピョン飛ぶよ
　ジャンプガエル………12

3 たくさん飛びだす
　びっくりバッタ………14

4 なが〜くのびる
　びっくりヘビ………15

5 目じるしはきまった？
　円ばん飛ばし………16

6 こんなに飛ぶんだね
　ストローアーチェリー………18

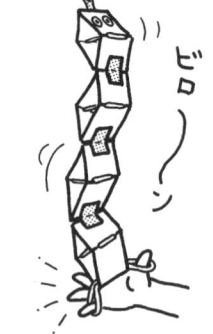

かわいいね！　動くおもちゃ

7 動きがユーモラス
　おどるマリオネット（だちょう）………20

8 準備はいいかな
　水で動く船………24

9 しぶきをあげて進むよ
　水車船………25

10 のぼったりおりたり…
　おさるのロープウエイ………28

みんなで遊ぼ！　楽しいゲーム

11 ハラハラドキドキ
カウントアウトゲーム盤……30

12 ゴールめがけて
シュートゲーム盤……34

13 出口までたどりつけるかな
立体めいろ盤……37

14 カーレースみたいだね
ぐるぐるめいろ盤……40

15 お店やさんごっこもできる
クジBOX……42

16 どのひもをひこうかな
ひもだしサイコロ……44

17 どんな顔ができるかな
サイコロ百面相……46

18 キャラクターがかわる
サイコロパズル……48

19 はっけよい、のこった！
トントンずもう……51

種類もいろいろ！　手づくりおもちゃ

20 組みあわせていろいろつくろう
牛乳パックのブロック………52

21 手づくりちえの輪
おにのカギはずし………56

22 いい音するかな？
ビュンビュンごま………58

23 じょうずにキャッチ！
ジャンピングケン玉………60

24 ねことねずみが追いかけっこ
ねずみとりケン玉………62

25 海へ山へレッツゴー！
虫かご＆水そうBOX………65

26 野球ゲームもできる
インスタントうらないBOX………66

27 にっこりわらってハイ、パチリ
ポラロイドカメラ………68

28 いい音するよ
パックン、ヘビくん………70

29 どんどん絵が出てくる
回転絵本………72

ふしぎだね！　びっくりおもちゃ

30 超能力（？）でコップがうくよ！
　　ハンドパワー機………74

31 ふくと出てくるびっくり箱
　　ドラキュラBOX………78

32 どんどんのびるよ
　　ろくろっくび………80

33 暗記もらくらく
　　Q&A BOX………82

34 あれ、絵が変わったよ！
　　変身BOX………84

あったら便利だね！　生活用品

35 おかあさんも大よろこび
　　ポケットティッシュBOX………86

36 口がひらくよ
　　カバさんのティッシュ入れ………88

37 どこへいったの？
　　お金が消えるちょ金箱………90

38 ああよかった
　　消えてあらわれるちょ金箱………92

カッターナイフの安全な使い方

牛乳パックの工作にはカッターナイフを使います。くれぐれもけがをしないように、カッターナイフは安全な使い方をしてください。

工作をはじめる前に読んでおこう

1 カッターナイフはふりまわさない。
2 使ったあとは、必ず刃をしまう。
3 牛乳パックをおさえる手は、刃の前におかない。
4 カッターナイフは、必ず手前にひいて切る。

5 カッターナイフの先をつきさすように刃を立てたり、無理に力を入れて切ろうとしない。
　切れない時は刃をかえたり、カッターナイフを横にして、かるく何度もくりかえして切るようにしよう。

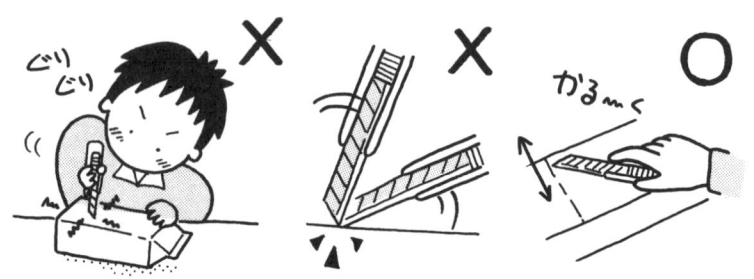

6 牛乳パックの口がひらいている時は、もう1つの牛乳パックを口にさしこんでから切るとよいでしょう。

7 幼児などは、カッターナイフで切れめをつけてから、ハサミを使わせるとよいでしょう。

仕上げの方法

牛乳パックの工作には、和紙などを使ってきれいに仕上げるものと、箱そのままで使うものがあります。

しかし、それも決まったものではありません。必要に応じてきれいに仕上げたり、かんたんにつくるようにしてください。

また、牛乳パックは、自然の木を切り倒してつくるものです。あまったものも、工夫してムダなく使っていただけたらと思います。

牛乳パックの保存法

水できれいに洗って、さかさにしてかわかします。

次のようにそれぞれまとめておくと、つくるものによって使いわけができます。

・箱のまましまっておく。2つ重ねると便利。
・底をとってつぶしておく。輪切りに便利。
・切り開いておく。

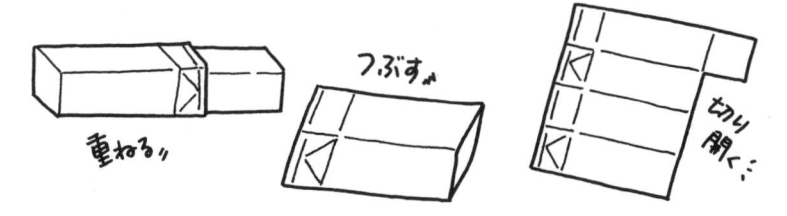

【1 ねらいをさだめて パチンコ】

用意するもの
牛乳パック
輪ゴム（3本）
ホッチキス

つくり方

❶ 牛乳パックを口の方から6〜8cmで切る。

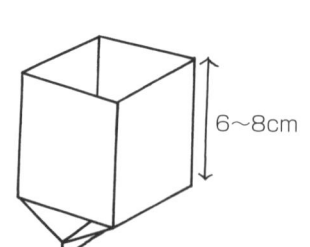

❷ 2枚はりあわせてある所と、そのむかいの角の両わきを下まで切る。

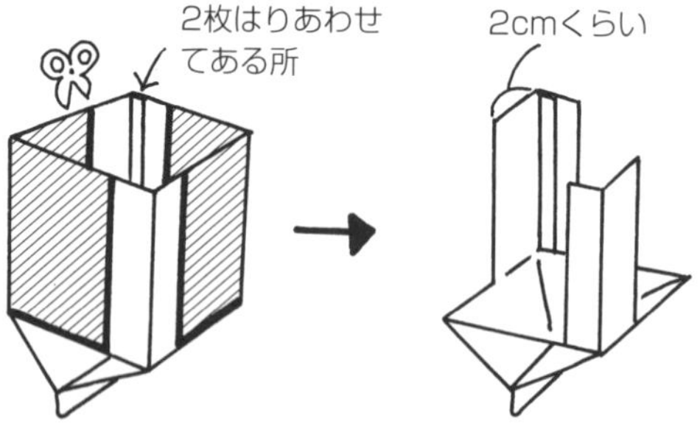

❸ 半分に折る。

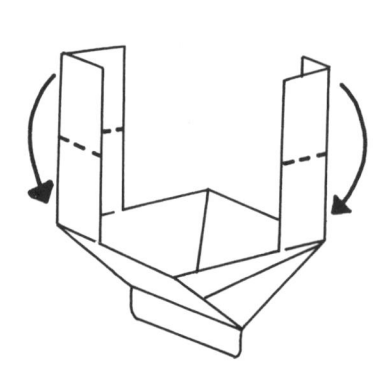

❹ 輪ゴムを3本つないでとめる。

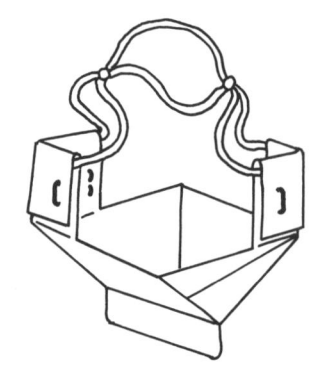

❺牛乳パックの切れはしを2cm×7cmくらいに切る。

❻半分に折る。これがタマになる。

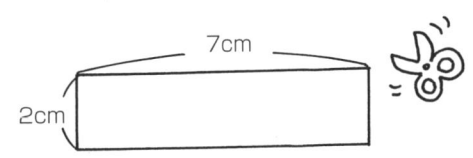

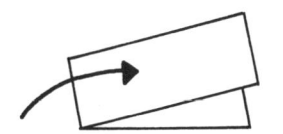

遊び方

❶左手でパチンコを持つ。

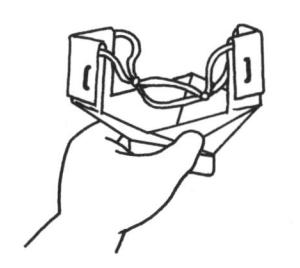

❷タマで輪ゴムをはさんでひっぱる。

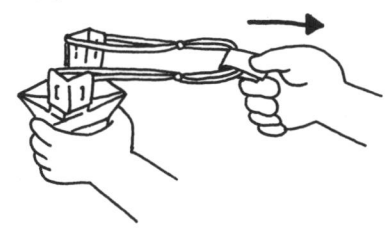

❸まとをねらってうとう。

「あたりー！」

「すご〜い！」

よく飛ぶよ！飛ばして遊ぶおもちゃ

2 ピョンピョン飛ぶよ ジャンプガエル

用意するもの
牛乳パック　輪ゴム
画用紙
木工ボンド

つくり方

❶ 牛乳パックを6cmの輪切りにする。

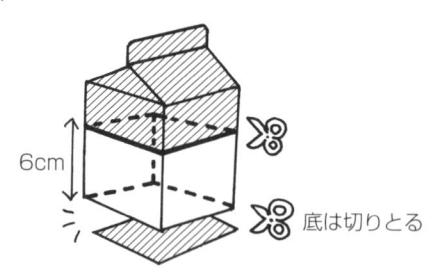

6cm
底は切りとる

❷ 2ケ所に切りこみを入れる。

❸ 輪ゴムをかけ、切りこみの中におしこむ。

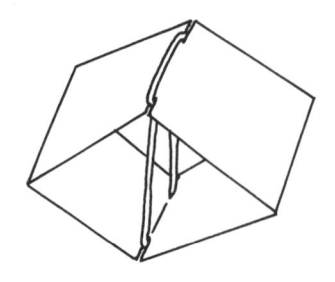

❹ 別紙にカエルをかいて切りぬき、輪ゴムをまたぐようにボンドやセロハンテープではりつける。

遊び方
❶机の上におき、輪ゴムがのびるようにつぶす。
❷折りめのはしをおさえて、外に指をすべらすようにはなすと、いきおいよくジャンプするよ。

よく飛ぶよ！　飛ばして遊ぶおもちゃ

応用　すずらんテープなどをはりつけてみよう。

【3】たくさん飛びだす びっくりバッタ

用意するもの
牛乳パック
輪ゴム
油性ペン

遊び方
❶ジャンプガエル（p.12）をたくさん用意する（絵はつけない）。
❷バッタの絵をかく。
❸ゴムをのばして、重ねるように手で持つ。
❹相手の前で手をはなす。

応用 たくさん重ねて箱に入れておくと、びっくり箱になるよ！

4 なが〜くのびる びっくりヘビ

用意するもの
牛乳パック　画用紙
輪ゴム　ガムテープ
油性ペン

❶ びっくりバッタをならべて、ガムテープでつなぐ。

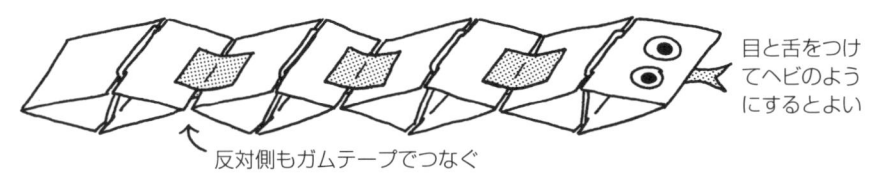

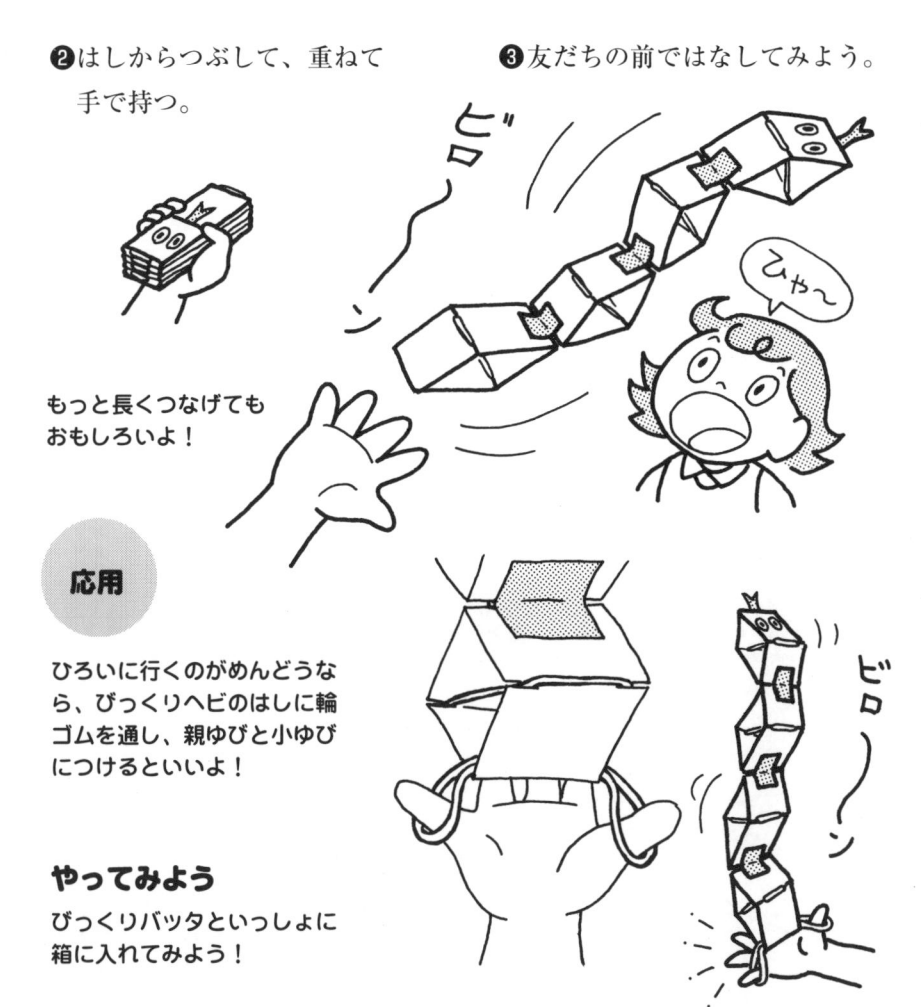

目と舌をつけてヘビのようにするとよい

← 反対側もガムテープでつなぐ

❷ はしからつぶして、重ねて手で持つ。

❸ 友だちの前ではなしてみよう。

ビロ〜ン

ひゃ〜

もっと長くつなげてもおもしろいよ！

応用

ひろいに行くのがめんどうなら、びっくりヘビのはしに輪ゴムを通し、親ゆびと小ゆびにつけるといいよ！

ビロ〜ン

やってみよう

びっくりバッタといっしょに箱に入れてみよう！

よく飛ぶよ！　飛ばして遊ぶおもちゃ

【5 円ばん飛ばし】
目じるしはきまった?

用意するもの
牛乳パック　ダブルクリップ
ホッチキス　輪ゴム（2本）
工作用紙

つくり方

❶ 牛乳パックの下のほうに、切りこみを入れる。

切りこみ

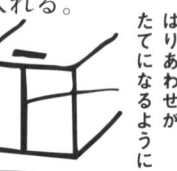

はりあわせがたてになるように

❷ ダブルクリップをはさむように、さしこむ。

❸ 輪ゴムを2本つないで、牛乳パックの口にホッチキスでとめる。

❹ 円ばんをたくさんつくる。

切りこみを入れる

遊び方　飛ばして遊ぼう！　人に向けないでね！

❶ 輪ゴムに円ばんの切りこみをひっかけ、ダブルクリップにはさむ。

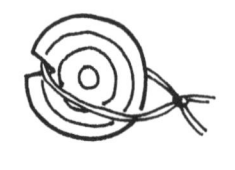

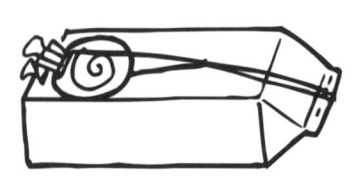

❷ ダブルクリップをおさえると、ピューンととぶよ。

ピューン

円ばんは回転しながら、ロケットはまっすぐ飛ぶよ！

輪ゴム

ロケット

まとあてゲーム

工作用紙を切ってタマにする。
ダブルクリップにはさんで、
しっかりまとをねらってね。
まとは、カンをつんで、立てておこう。
音がいいし、たおれたら、はく力あるよ。

1センチ×1センチ

まとのつくり方

❶ 牛乳パックの残りでつくろう。

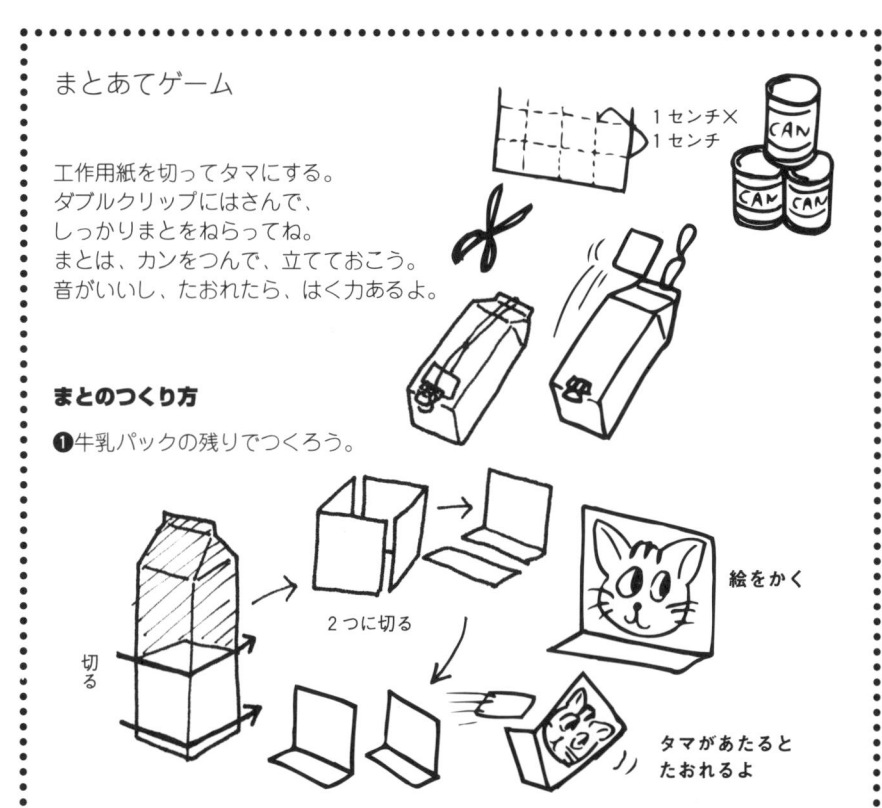

切る
2つに切る
絵をかく
タマがあたるとたおれるよ

❷ 牛乳パックの上を切ってならべ、ビニールテープでまく。

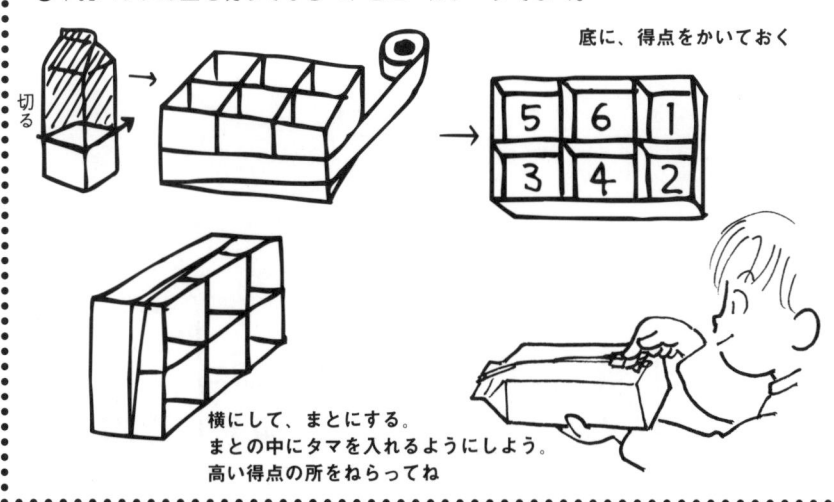

切る
底に、得点をかいておく

5	6	1
3	4	2

横にして、まとにする。
まとの中にタマを入れるようにしよう。
高い得点の所をねらってね

よく飛ぶよ！　飛ばして遊ぶおもちゃ

17

【6 ストローアーチェリー】
こんなに飛ぶんだね

用意するもの
牛乳パック（500ml）
セロハンテープ
えんぴつ
ストロー（太、細）
めんぼう
千枚通し
輪ゴム（3本）

つくり方

❶ 牛乳パックの前後に穴をあける。

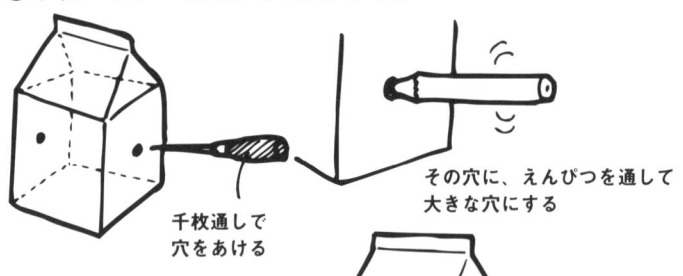

千枚通しで穴をあける

その穴に、えんぴつを通して大きな穴にする

❷ 太めのストローを通す。

ストローを通す

1センチほどのこす

❸ ストローの先に切りこみを入れてひろげる。

4〜6の切りこみを入れる

穴をふさがないようにセロハンテープでとめる

❹ もう一方のストローを2〜3センチほど残して切る。

3センチ

18

❺輪ゴムをつなげて、牛乳パックにまくようにつける。

| 輪ゴムを3本つなげる | ストローに輪ゴムをかける | 輪ゴムは、牛乳パックをまわしながらかけるとよい | セロハンテープでとめるとよい |

❻細いストローで矢をつくる。

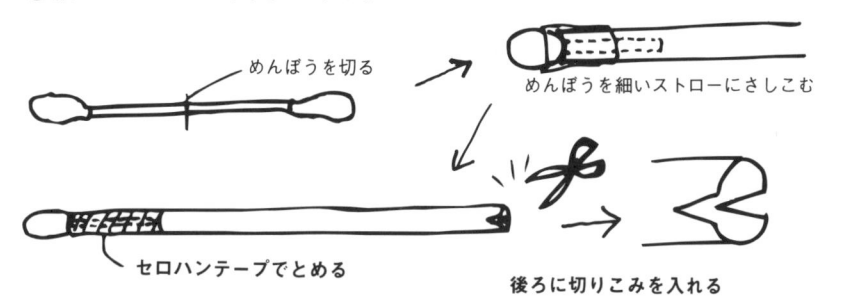

めんぼうを切る

めんぼうを細いストローにさしこむ

セロハンテープでとめる

後ろに切りこみを入れる

遊び方 人にむけては遊ばないでよ！

❶矢を、とびだしたストローから入れ、輪ゴムにひっかける。
❷まっすぐにひっぱってはなすとよくとぶよ！
❸矢をたくさんつくってパックの中にたてておくと、矢たてにもなるよ。

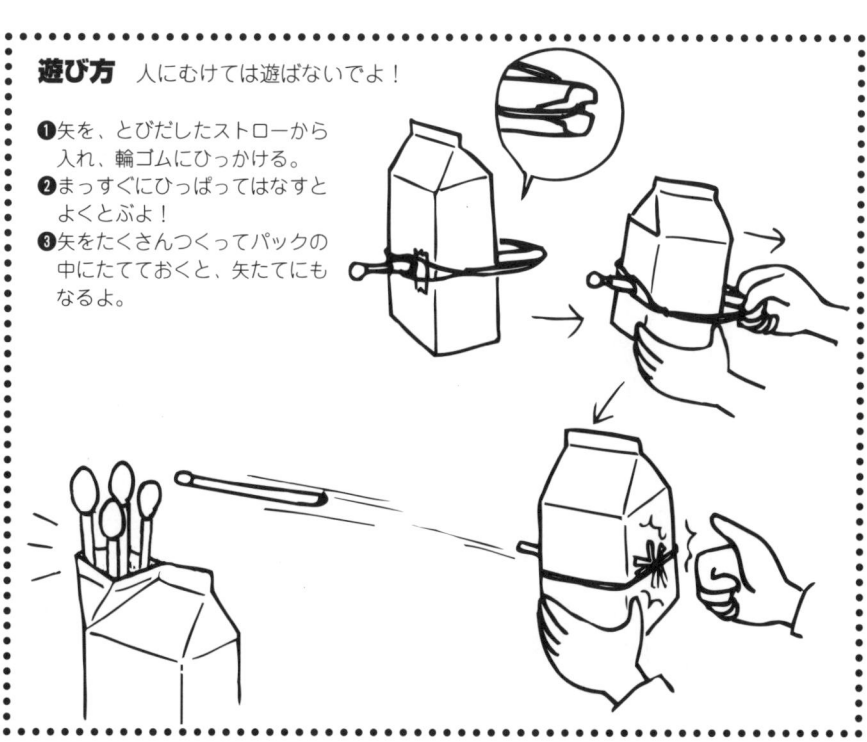

よく飛ぶよ！ 飛ばして遊ぶおもちゃ

7 おどるマリオネット（だちょう）
動きがユーモラス

用意するもの
牛乳パック　　すずらんテープ
フィルムケース（3個）
手芸用のひも（太め）　　ダンボール
テグスか白糸（もめん）
画用紙　　ホッチキス　　千枚通し
セロハンテープ　　ガムテープ

つくり方

❶ すずらんテープを手に10回くらいぐるぐるまいて、半分に切る。

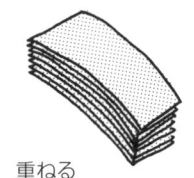

重ねる

❷ すずらんテープではしをたばねてしばる。

❸ 牛乳パックの口にさしこみ、ホッチキスで口をとめる。

すずらんテープを細くさいて、バラバラにするとなおよい

❹ フィルムケースの底に、画用紙でつくったくちばしをつける。目もつける。

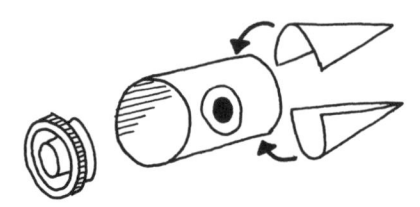

セロハンテープではってもいいし、セメダインなどでつけてもよい

❺手芸用の太いひもを15cmくらいに切る。これをだちょうの首にして、体と顔をつなぐ。

❻手芸用のひもを10cmくらいに2本切り、足にする。牛乳パックの下につけ、ひもの先にフィルムケースをつける。

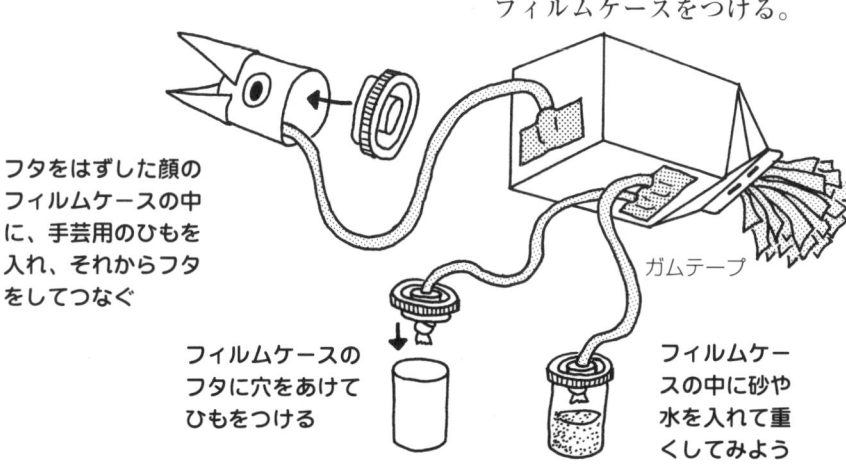

フタをはずした顔のフィルムケースの中に、手芸用のひもを入れ、それからフタをしてつなぐ

ガムテープ

フィルムケースのフタに穴をあけてひもをつける

フィルムケースの中に砂や水を入れて重くしてみよう

かわいいね！　動くおもちゃ

❼ダンボールや板であやつり板をつくる。

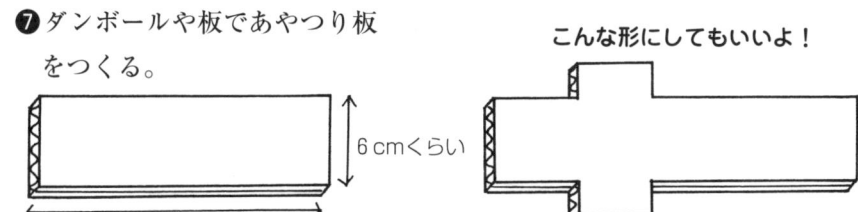

6cmくらい

15〜20cmくらい

こんな形にしてもいいよ！

❽あやつり糸（テグスや白い糸）をつける。

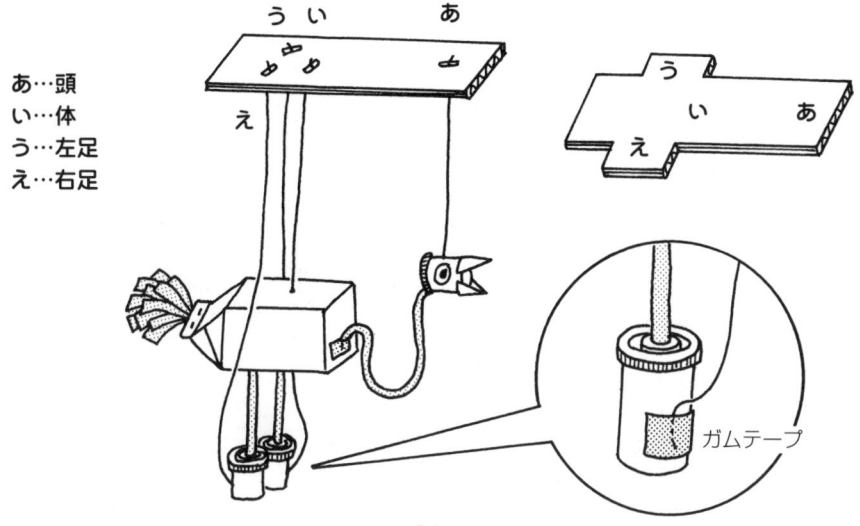

う　い　あ

え

あ…頭
い…体
う…左足
え…右足

う　い　あ
え

ガムテープ

21

遊び方

❶あやつり板を持ち、人形を床すれすれくらいにうかせる。

❷左手であやつり板を持ち、上下・左右・前後に動かす。右手はつってある糸を持ち、ひっぱったりしながら人形をおどらせる。

やってみよう

・体に色紙をちぎってはったり、もようをつけてみよう！

・足や顔をねんどでつくってもいいね！

応用 こんなのもつくってみよう

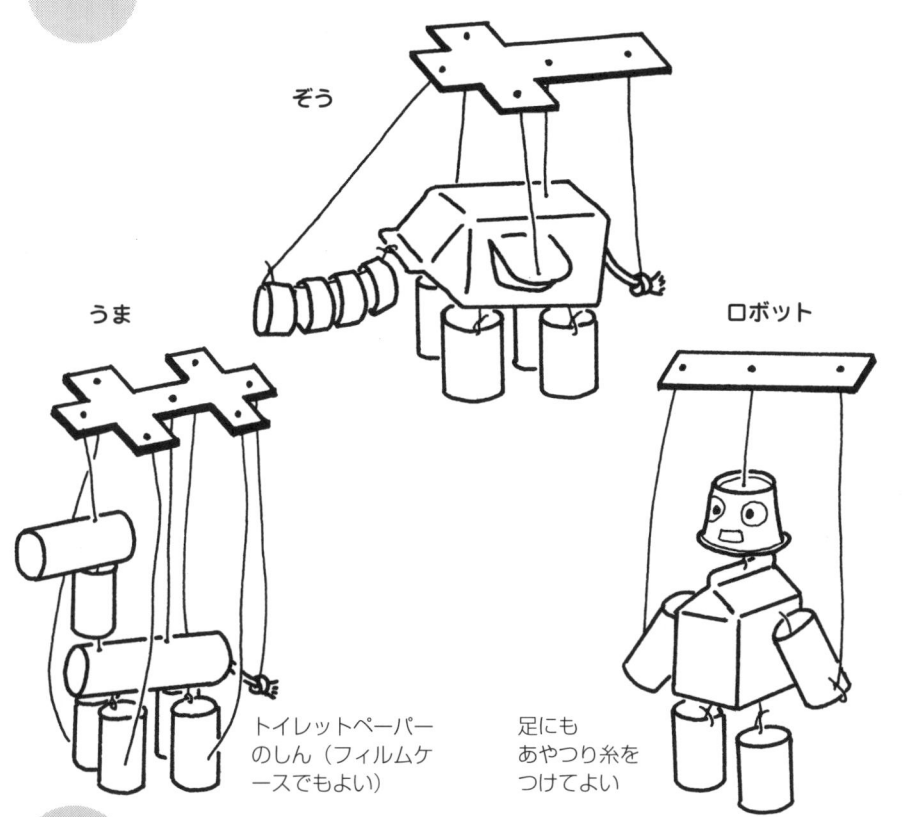

ぞう

うま

ロボット

かわいいね！ 動くおもちゃ

トイレットペーパーのしん（フィルムケースでもよい）

足にもあやつり糸をつけてよい

幼児用 左手で糸を持ち、右手でラップのしんを持つ。右手を上下に動かしたり左右にかたむけたりして、羽根を動かそう！

糸

8 水で動く船

準備はいいかな

用意するもの
牛乳パック（1ℓを3本）
紙コップ
ホッチキス
ガムテープ
まがるストロー
セメダイン

つくり方

❶ 牛乳パックの口をとめる。

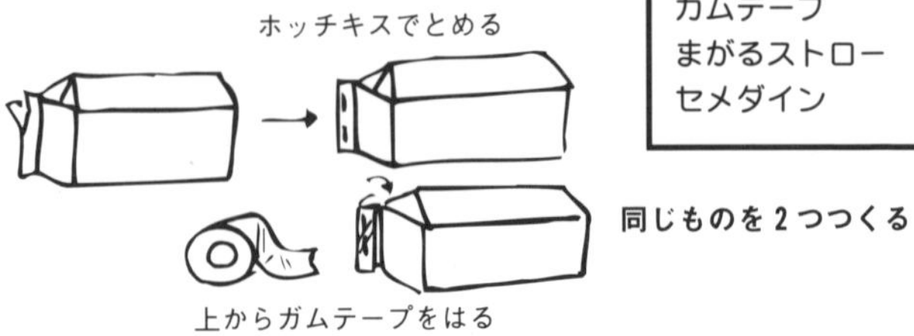

ホッチキスでとめる
上からガムテープをはる
同じものを2つつくる

❷ 残った牛乳パックを切る。

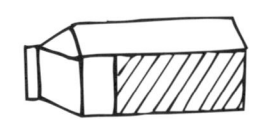

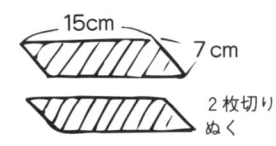

15cm　7cm
2枚切りぬく

❸ 牛乳パックを2本並べ、切りとった2枚でつないで船をつくる。

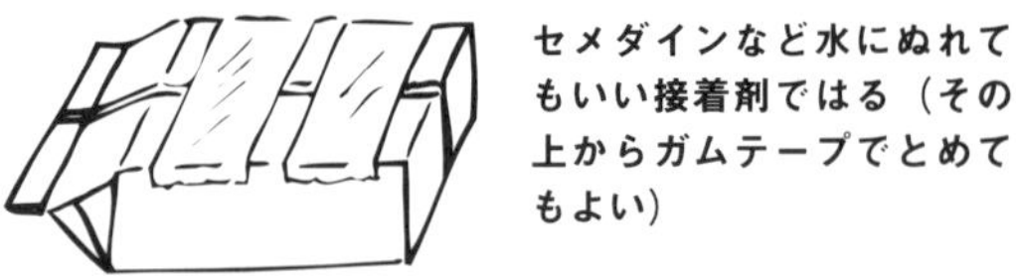

セメダインなど水にぬれてもいい接着剤ではる（その上からガムテープでとめてもよい）

❹ 紙コップに、ストローをさしこみ、船の上にはりつける（のせるだけでもよい）。

先のまがるストロー
ガムテープなどではる

遊び方

船を水に浮かべて紙コップに水を入れてみてね。
水の力でよく走るよ！

9 水車船
しぶきをあげて進むよ

用意するもの
牛乳パック（1ℓを2本）
竹ひご
ようじ
ゴム（輪ゴム2本でもよい）
カラーボール（4個。
　発ぽうスチロールでよい）
ボンド
ホッチキス

かわいいね！動くおもちゃ

つくり方

❶ 牛乳パックの口をとめる。

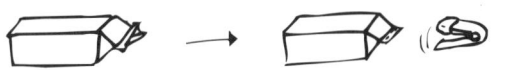

ホッチキスでとめる

❷ 上の部分を切りぬく。

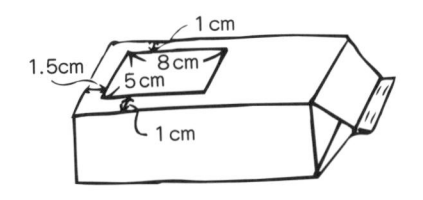

1cm / 8cm / 5cm / 1.5cm / 1cm

❸ 切りぬいた紙でフロントガラスをつくる。

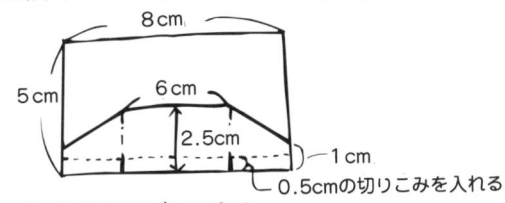

8cm / 5cm / 6cm / 2.5cm / 1cm
0.5cmの切りこみを入れる

❹ 船体にフロントガラスをつける。

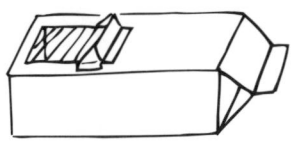

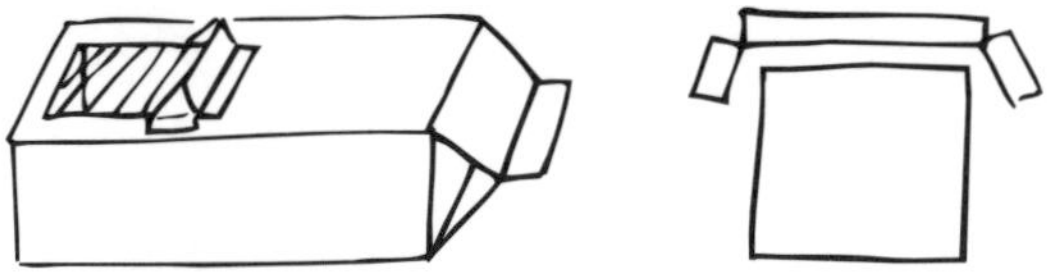

ホッチキスやボンドではる

❺ 船の横に穴をあける。

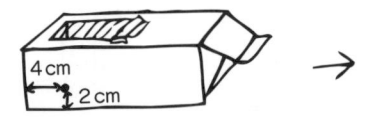

4cm / 2cm

穴に竹ひごを通す

25

❻ もう1つの牛乳パックを切る。

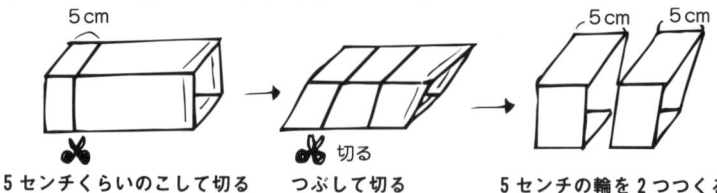

5センチくらいのこして切る　つぶして切る　5センチの輪を2つつくる

❼ 輪で水車をつくる。

面のまん中に折り目をつける。谷折りをして、内側をボンドやホッチキスでとめる

❽ 竹ひごに、カラーボールと水車をつける。

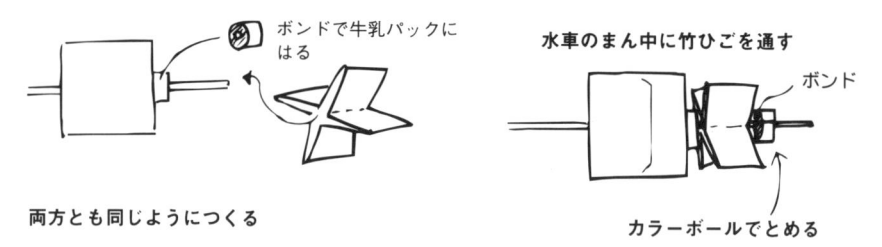

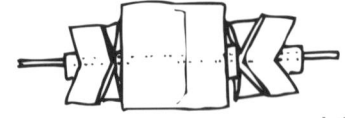

カラーボール（発ぽうスチロールでつくってもよい）

ボンドで牛乳パックにはる

両方とも同じようにつくる

水車のまん中に竹ひごを通す

ボンド

カラーボールでとめる

つまめるように

❾ 竹ひごに、ゴム（輪ゴムをつないだもの）をしばりつける。

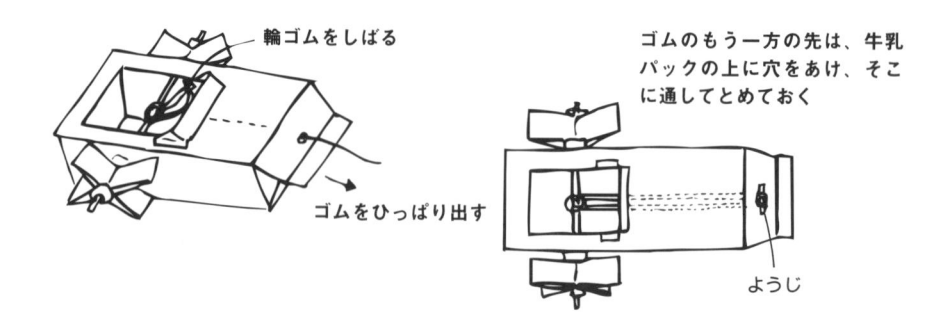

輪ゴムをしばる

ゴムをひっぱり出す

ゴムのもう一方の先は、牛乳パックの上に穴をあけ、そこに通してとめておく

ようじ

❿残った牛乳パックで重心をつくる。

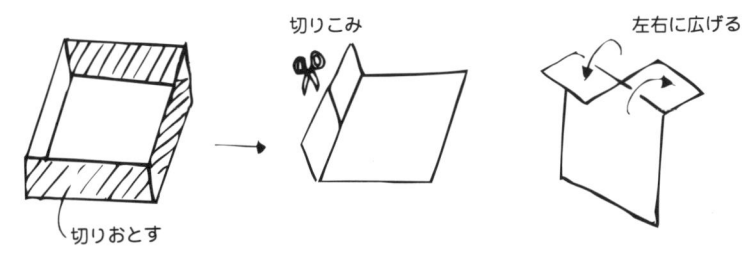

切りおとす　　切りこみ　　左右に広げる

⓫重心を船の底につける。

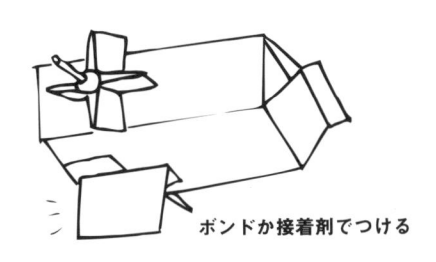

ボンドか接着剤でつける

かわいいね！　動くおもちゃ

遊び方

❶竹ひごをもってゴムを巻いてみてね。

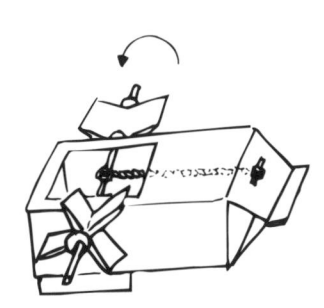

❷水につけてはなすと、ゴムのもどる力で竹ひごの水車を回転させながら船が進むよ。

わあ　すすんでるね

【10】 のぼったりおりたり… おさるのロープウエイ

用意するもの
牛乳パック（1ℓ）
ストロー　　たこ糸
わりばし　　ホッチキス
セロハンテープ　画用紙

つくり方

❶ 牛乳パックの口をのばして切る。

❷ 上を内側に折りまげて、箱のふたをする。

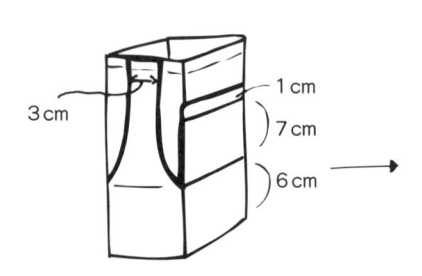

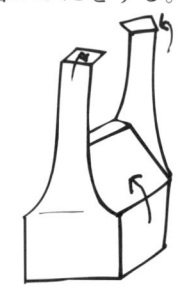

3cm / 1cm / 7cm / 6cm

❸ 上をホッチキスでとめる。

❹ のこった牛乳パックを切って、上にとめる。

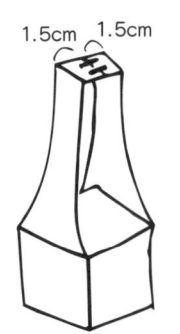

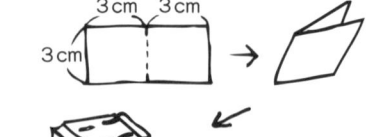

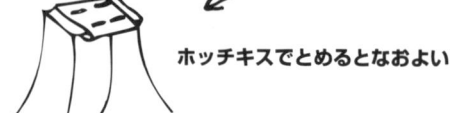

1.5cm　1.5cm

3cm　3cm　3cm

ホッチキスでとめるとなおよい

❺ 上にストローをハの字につけて、たこ糸を通す。

短く切ったストローをセロハンテープでとめる

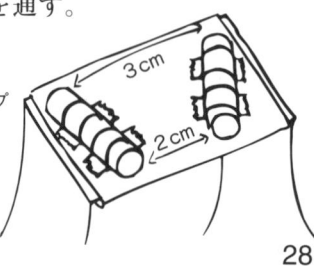

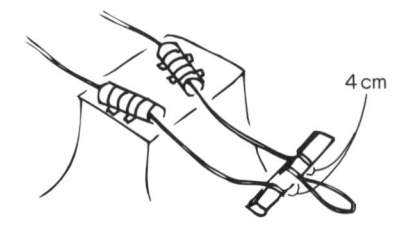

3cm　2cm

4cm

たこ糸の先をわりばしにむすぶ。
中央に、ひっかけるための糸をつけておく。

❻箱にさるの顔をかいてはりつける。

糸を柱の上にひっかけて、たこ糸をうごかしてみてね。
おさるのおなかの中にキャンディーをつめて、上まではこぼうよ。

「おさるさんがのぼっていくよ」

かわいいね！　動くおもちゃ

遊び方

「わーい うれしい！ かわりに宿題みせてあげる」

「おやつのおすそわけ送るよ！」

11 ハラハラドキドキ カウントアウトゲーム盤

用意するもの
牛乳パック（1ℓを3本）
わりばし（10本。丸めのものがよい）
輪ゴム（2〜4本）　画用紙
穴あけパンチ　ガムテープ
セロハンテープ　ビニールテープ
千枚通し　油性ペン

つくり方

ゲーム盤をつくろう

❶ 牛乳パックを図のように切る。

12cmくらい　7cm

二重になっている所を背の高い方にもってくるとよい

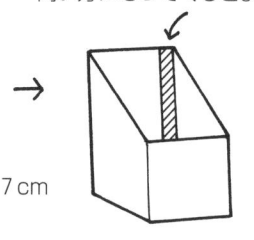

❷ 11cm×6cmの紙にオリジナルの絵をかいて、牛乳パックの前にはる（絵は上半分でもよい）。

6cm　11cm

すきなキャラクターでつくってもいいよ！

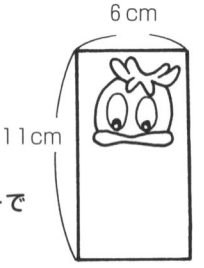

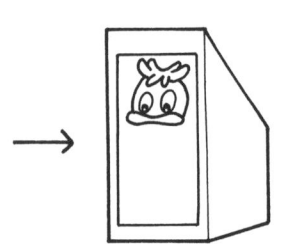

❸ 上の方に穴をあける（穴あけパンチでよい）。

穴　上　7cm

❹ 下段（7cm×7cmの間）に、穴を5つあける。

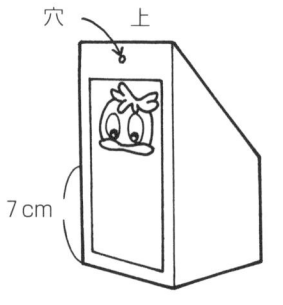

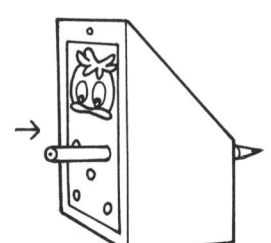

千枚通しやくぎなどで穴をあけ、その穴にえんぴつをさしこんで大きくする

❺ 上の穴に輪ゴムを通し、マッチのじくや牛乳パックなどの切れはしで輪ゴムどめにする。上からガムテープでとめておくとよい。

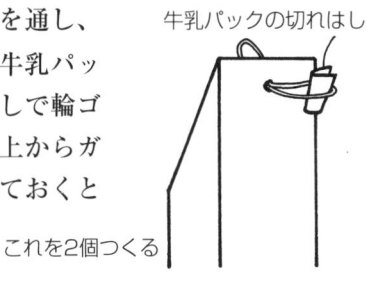

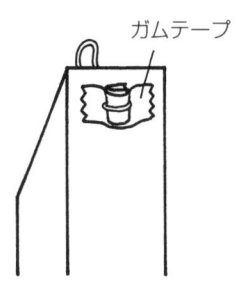

牛乳パックの切れはし

ガムテープ

これを2個つくる

剣をつくろう

❶ わりばしの太い方から15cmくらいの所で切る。

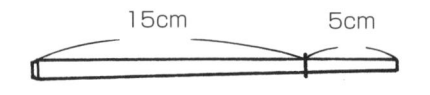

15cm　5cm

カッターナイフでわりばしをまわしながら押し切りをする

❷ 牛乳パックの残りで、直径2.5cmくらいの円をつくり、刀のつばにする。

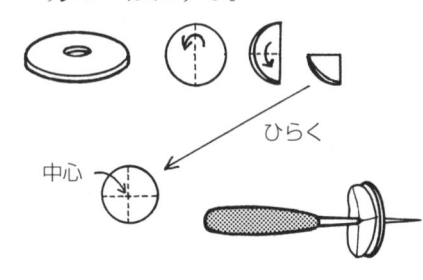

ひらく

中心

中央の決め方は、
1　同じ大きさのうすい紙を切って、4つに折りたたんで開くと中心が決まる。
2　つばに重ねて、千枚通しなどで中心に穴をあける。

❸ 穴をあけたつばに、わりばしの細い方からさしこみ、太い方を5cmほどのこしてとめる。

わりばしの先が丸くない時は、紙やすりなどでけずって丸くする。

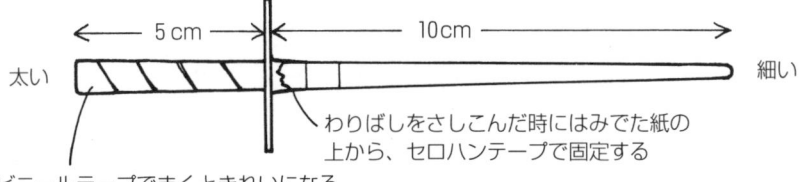

5cm　10cm

太い　細い

わりばしをさしこんだ時にはみでた紙の上から、セロハンテープで固定する

ビニールテープでまくときれいになる
これを10本つくる

❹ 剣のつばに、1〜5の番号をつけておく。

①

みんなで遊ぼ！　楽しいゲーム

飛びだすタマをつくろう

牛乳パックを図のように切る。穴あけパンチなどで下に穴をあける。

キャラクターをかいてもいいよ！

2.5cm
5cm
穴
これを2個つくる

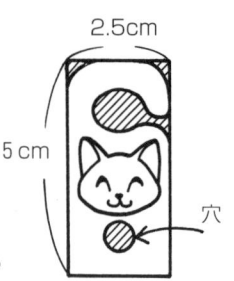

サイコロをつくろう

❶ 牛乳パックで7cmの輪切りを2個つくる。

❷ 2つを組みあわせる。

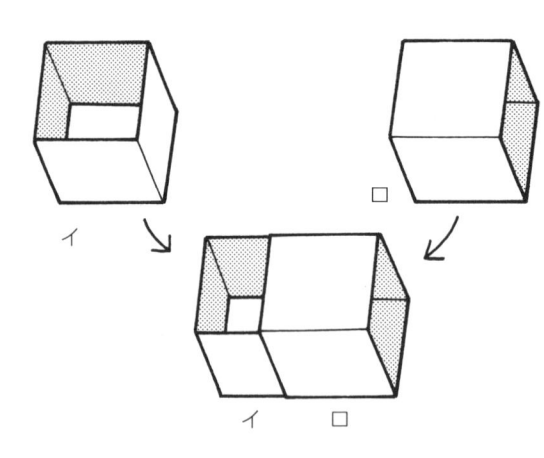

7cm
7cm
下は切りとる

イ
ロ

❸ 四すみにセロハンテープやビニールテープをはり、サイコロをつくる。

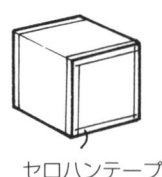

セロハンテープ

❹ 油性ペンでサイコロの目をかく。

3の反対側は4
5
6

サイコロの目は、上と下の合計が7になるようにつくるんだよ！

遊び方

❶ゲーム盤に剣をさしこむ。この時、5本のどれかにタマを輪ゴムにつけてセットする。

後　前

剣を5本後ろから
前にむけてさしこむ

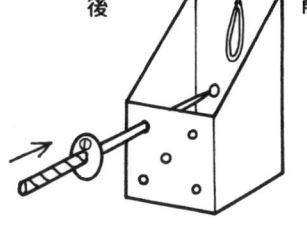

輪ゴムにかけて
下にひく

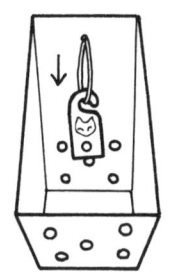

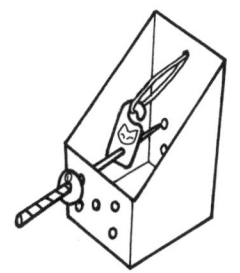

わりばしをタマの
穴に通して、前の
穴にとめる

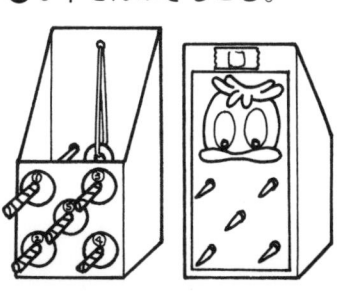

❷5本ぜんぶさしこむ。　❸むかいあって机におく。

1をぬくね　1だよ

コロン

❹順番を決め、サイコロをふってでた目の剣をぬく。
❺タマが飛びだすまでやる。相手のタマをひきあてた人の勝ちとなる。
❻6の目がでたり、1度ぬいた数がまたでたら、相手はぬかなくてよい。

みんなで遊ぼ！　楽しいゲーム

12 ゴールめがけて シュートゲーム盤

「ゴ〜ル」「シュート!」

用意するもの
牛乳パック（1ℓを3本）
小さくなった消しゴム
輪ゴム（2本）
ホッチキス
セロハンテープ
ガムテープ
フィルムケース

つくり方

❶ 牛乳パックの底を切りとり、たて半分に切る。

口が開いていたら、ホッチキスでとめておく

❷ 2つを重ねるようにあわせてはる。

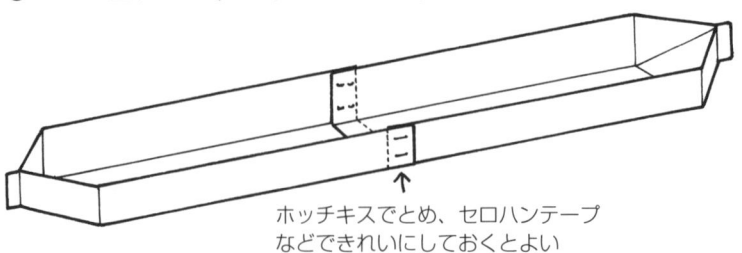

ホッチキスでとめ、セロハンテープなどできれいにしておくとよい

❸ 残りの牛乳パックを図のように切る。

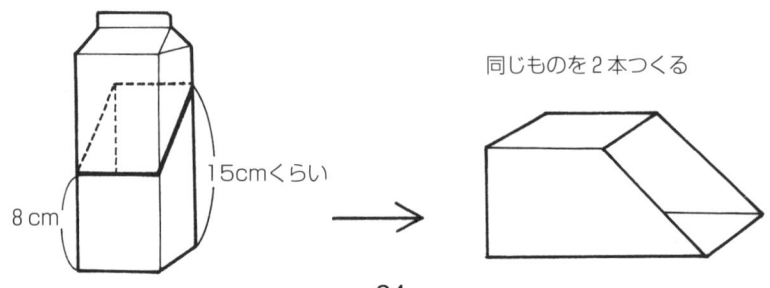

15cmくらい
8cm

同じものを2本つくる

❹牛乳パックをはめこむように組みあわせる。

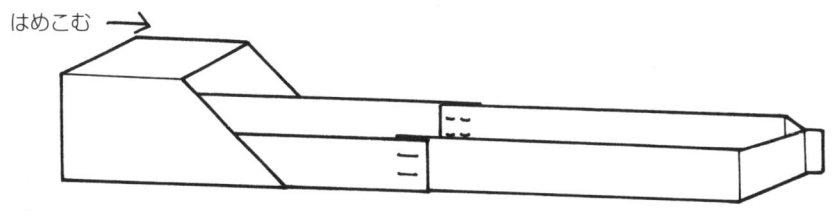

はめこむ →

❺もう1つを上に重ねる。

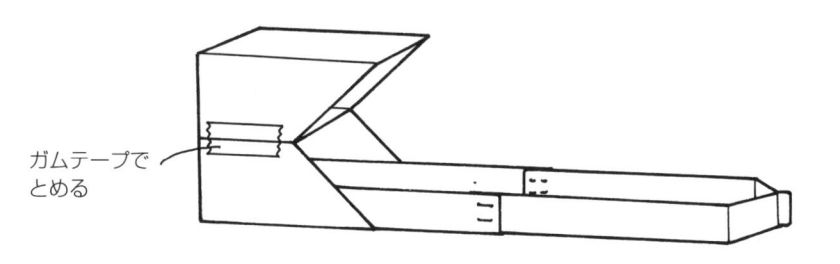

ガムテープで
とめる

❻牛乳パックに切りこみを入れて、輪ゴムをつける。

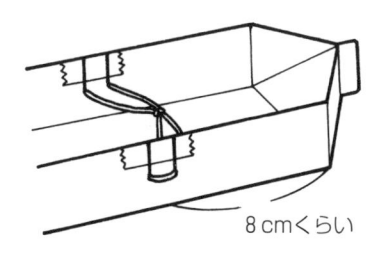

輪ゴム2本をつないで
切りこみにかける

8cmくらい

輪ゴムをかけたら切りこみ
はガムテープでとめておく

❼輪ゴムのつなぎ目にフタをとっ
たフィルムケースをつける。

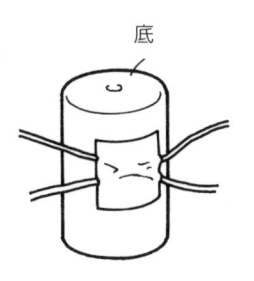

底

輪ゴムのむすび目を
ガムテープでとめる

❽消しゴムを丸くけずってボールをつくる。

みんなで遊ぼ！　楽しいゲーム

遊び方

❶ フィルムケースの前に、丸くした消しゴムをおく。

❷ フィルムケースを指でつまんで消しゴム（ボール）にかぶせ、ゆっくり手元にひっぱる。

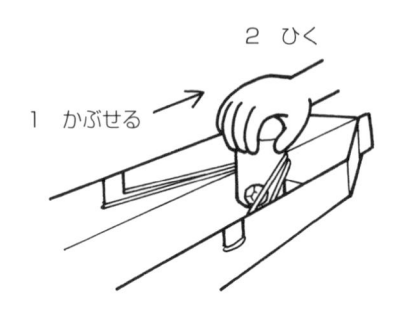

1　かぶせる
2　ひく

ゴール
消しゴム
手元

❸ ゴールをねらって手前にたおすようにフィルムケースをはなす（シュート！）。
❹ 消しゴムが下段に入るとノーゴール、上段に入ればゴール！ルールはいろいろ考えよう！

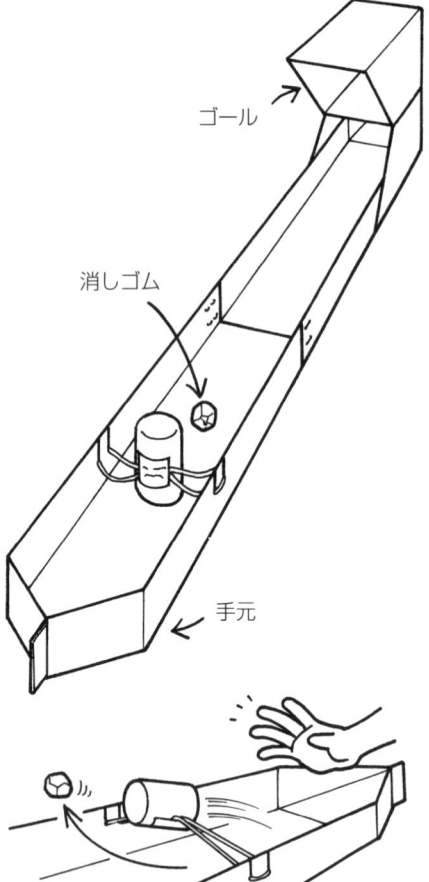

応用

● 3段にしてみよう！
● ゴールキーパーをおいてみよう！

【例】
　フィルムケースを1本立て、「ボールがあたってたおれたらノーゴールにする」などのルールをつくろう。

13 立体めいろ盤
出口までたどりつけるかな

用意するもの
牛乳パック
厚紙　木工ボンド
ビー玉

みんなで遊ぼ！楽しいゲーム

つくり方

❶ 牛乳パックをたて半分に切り開く。

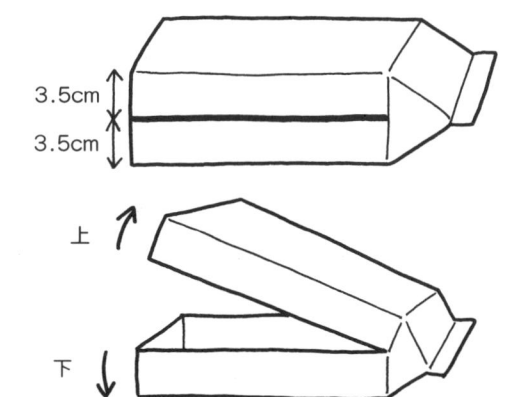

3.5cm
3.5cm

上
下

❷ めいろ盤をつくる。

a. 厚紙（190mm×68mm）に図面をかく。

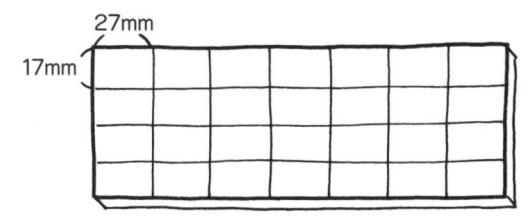

27mm
17mm

たて＝7等分
横＝4等分
（めいろをつくるためのめやす）

これを2枚つくる

b. 別の厚紙を30〜33mmはばに何本も切っておく。

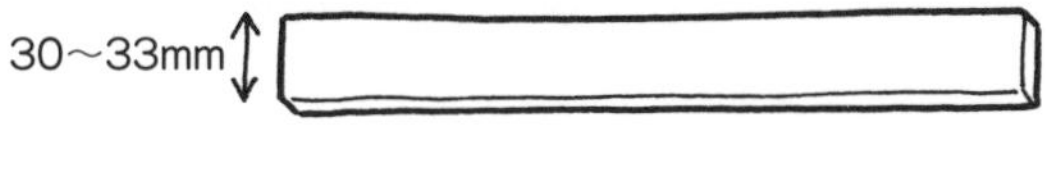

30〜33mm

c. 上段と下段のめいろをつくる。

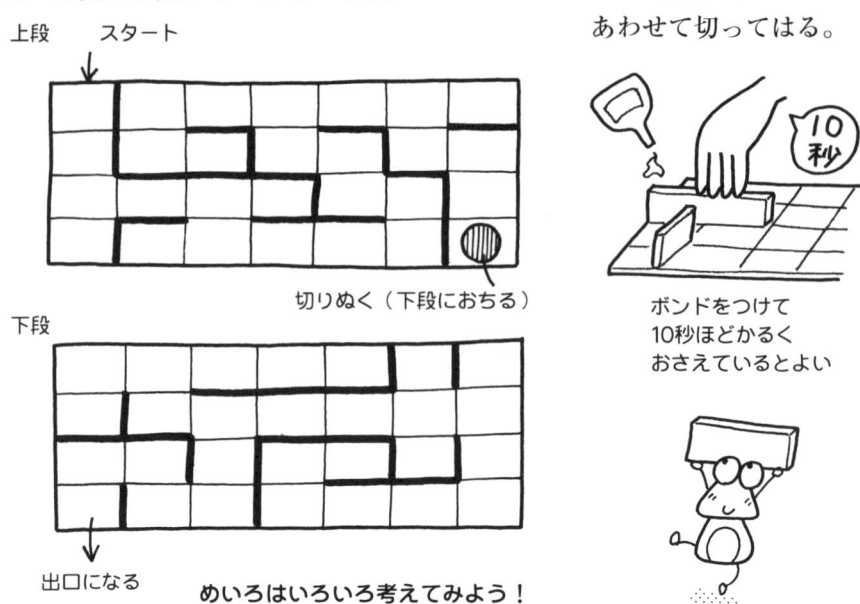

上段　スタート

切りぬく（下段におちる）

下段

出口になる

めいろはいろいろ考えてみよう！

d. bの厚紙を、めいろにあわせて切ってはる。

ボンドをつけて10秒ほどかるくおさえているとよい

10秒

❸牛乳パックにセットする。

a. 牛乳パックにめいろ下段をおく。ビー玉が通るくらいの穴を切りぬく。めいろのしきりの上にボンドをつける。

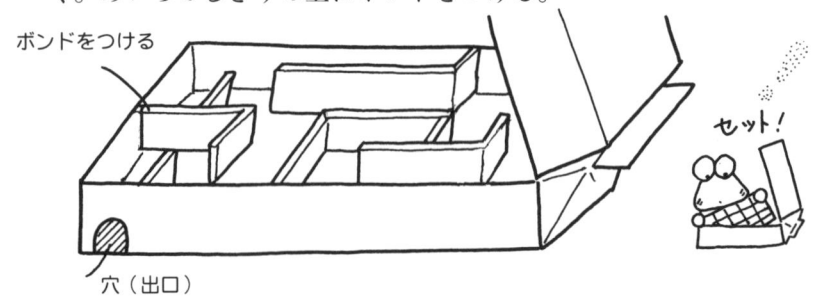

ボンドをつける

穴（出口）

セット！

b. 上段のめいろ盤をその上におく。

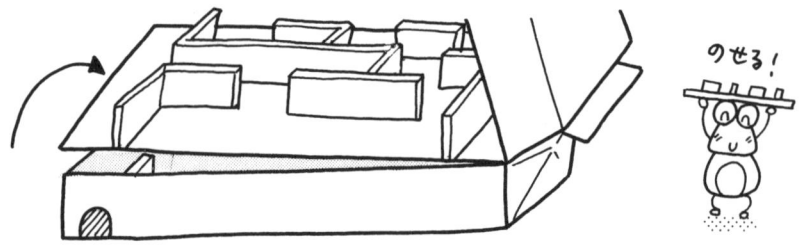

のせる！

❹牛乳パックの上ぶたをかぶせる。

❺ビー玉の入る穴をあける。牛乳パックの上と下をセロハンテープやガムテープではる。

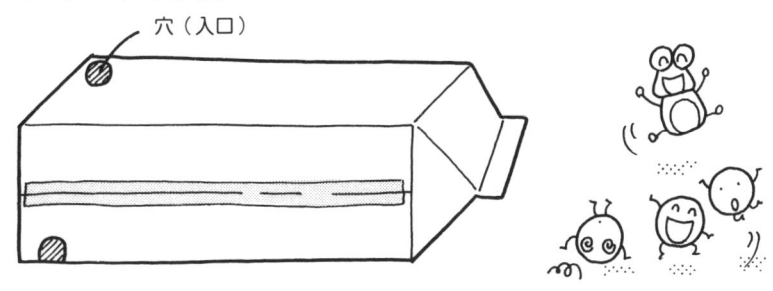

穴（入口）

遊び方 ボンドがかわいたら、上の穴からビー玉を入れ、下の穴からだしてみよう。

応用 幼児には、プラ板を使って見やすくするとよい

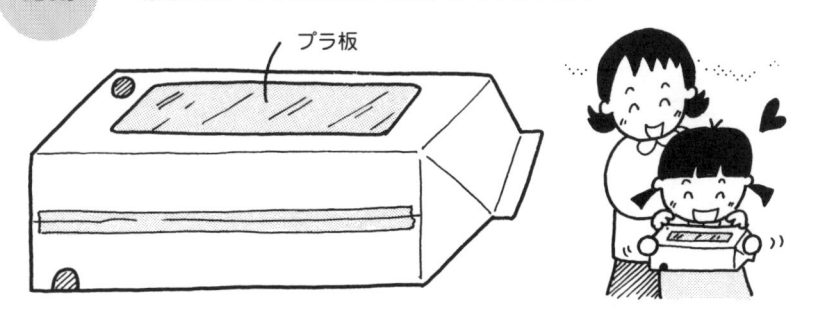

プラ板

下段の横や下にもプラ板を使ってみよう！

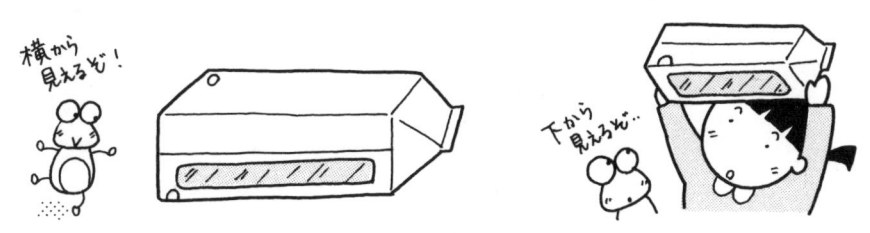

横から見えるぞ！

下から見えるぞ…

みんなで遊ぼ！　楽しいゲーム

14 ぐるぐるめいろ盤
カーレースみたいだね

用意するもの
牛乳パック（1ℓを2本）
木工ボンド　厚紙　ビー玉

つくり方

❶ 牛乳パックをたて半分に切る（2本）。

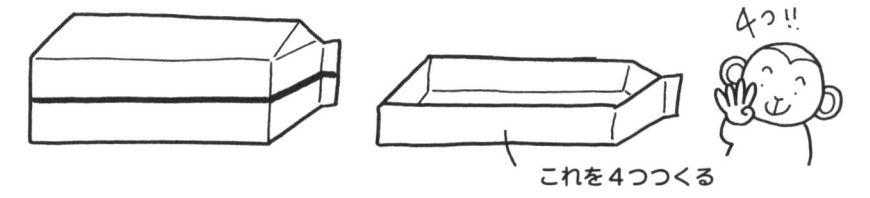

これを4つつくる

4つ!!

❷ 図のように左側を7cmはばで切り開く。

7cm
切る

7cm…

❸ 開く。

❹ 4つの箱を組みあわせる。

❺ オリジナルのめいろをつくろう。

（例）

スタート

ゴール

みんなで遊ぼ！　楽しいゲーム

牛乳パックや厚紙でめいろをつくろう。
トンネルもいいね！

遊び方
- スタートとゴールをつけてやってみよう！
- 1周のタイムをきそってみよう！
- ビー玉2個でレースをしてみよう！

15 お店やさんごっこもできる クジBOX

用意するもの
牛乳パック（1ℓを3本）
あつ紙
手芸用の太いひもかたこ糸
穴あけパンチ
セロハンテープ

つくり方

❶ 牛乳パックを切る。

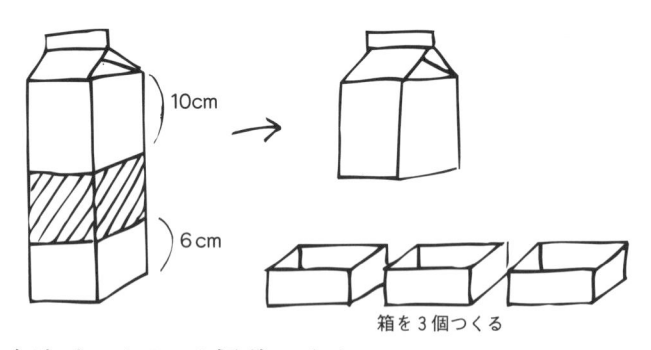

10cm
6cm

箱を3個つくる

❷ 穴あけパンチで、3個ずつ両面に穴をあける。

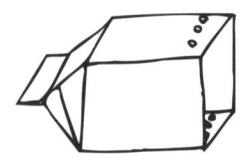

合計で6個の穴をあける

❸ 3個の箱の底に、糸をつける。

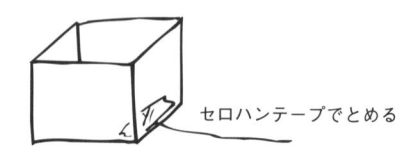

セロハンテープでとめる

❹牛乳パックの中で糸を交差させて、つまみをつける。

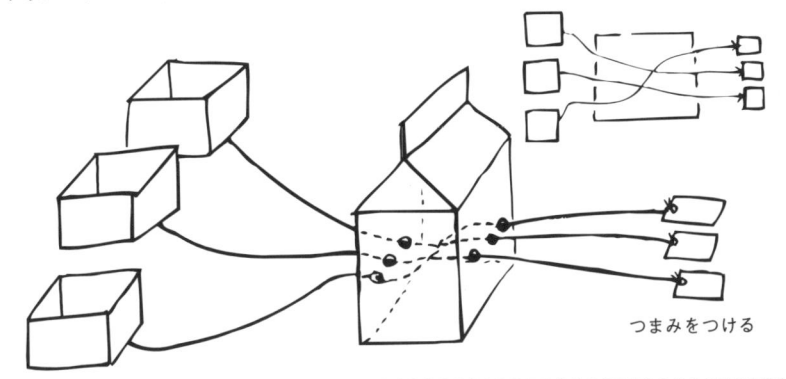

つまみをつける

みんなで遊ぼ！　楽しいゲーム

遊び方

箱の中にはなにが入っているかな。
ひっぱった箱の中のものがもらえるゲームだよ。

さあどれにしましょう

キャンディーはこれかな？

【16】ひもだしサイコロ
どのひもをひこうかな

用意するもの
牛乳パック（1ℓ）
色紙
太めのひも（2mくらい）
セロハンテープか
　ビニールテープ

つくり方

❶ 牛乳パックでサイコロをつくる。

切る
のりではらない
7センチ
7センチ

❷ サイコロに色紙をはる。

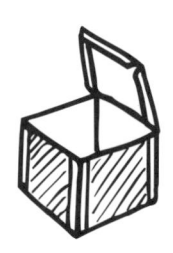

まわりの4面は、同じ色紙をはる。上下はちがう色でもよい。（ビニールテープをはるときは、はばや長さも気をつけよう）
かどをセロハンテープかビニールテープできれいにする。

❸ 4面のそれぞれの中央に、太めのひもが通る穴をあける。

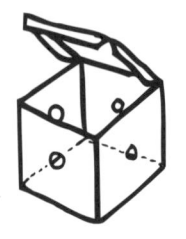

❹ 太めのひもを、長さをかえて4本切る。

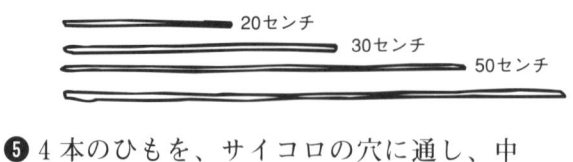

20センチ
30センチ
50センチ
70〜100センチ

❺ 4本のひもを、サイコロの穴に通し、中と外にむすびめをつける。

外のむすびめは、4本とも同じになるようにしばる。

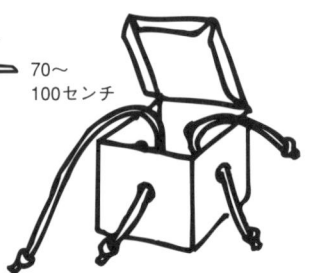

44

遊び方
長いひもをひく人はだーれ

箱の中に、4本のひもをひっぱりこんで、フタをする。好きなひもを1・2・3でひっぱってみてね。このとき、4ケ所のちがいが、わからないようにする。1ばん長いひもをひっぱった人が勝ちだよ。箱をまわして1人ずつひっぱってもよい。

★1人であそぶときは、何度目で長いひもがひけるかやってみてね。

けんかしないでやってみよう。

ひもを3本にして、4ケ所にひもをだそう（2ケ所はつながっている）。4人いっしょにひっぱれば、同じひもをひいた人は、ひっぱりあいだね。

しりもちつくのはだ～れ

ダンボール箱で、大型のものをつくって、つなひきをしよう。
この場合は、中はむすばないで、ぬけるようにする。2人がしりもちをつき、残った2人はつなひきをする。

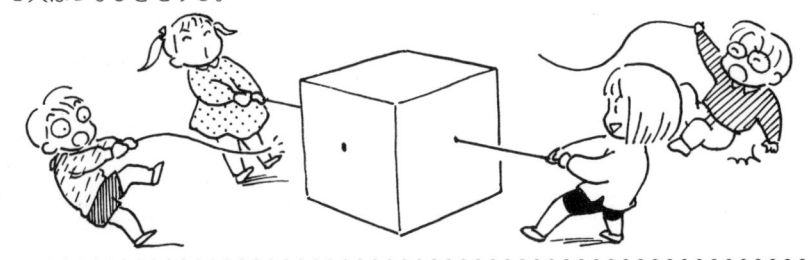

みんなで遊ぼ！　楽しいゲーム

【17】どんな顔ができるかな サイコロ百面相

用意するもの
牛乳パック（1ℓを3本）
おかしの箱　油性ペン
画用紙　セロハンテープ

つくり方

❶ 牛乳パックで、サイコロを3個つくる。

5センチ
5センチ
ふたをする
3個同じようにつくる

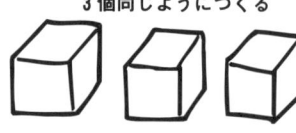

❷ おかしの箱に切りこみを入れる。

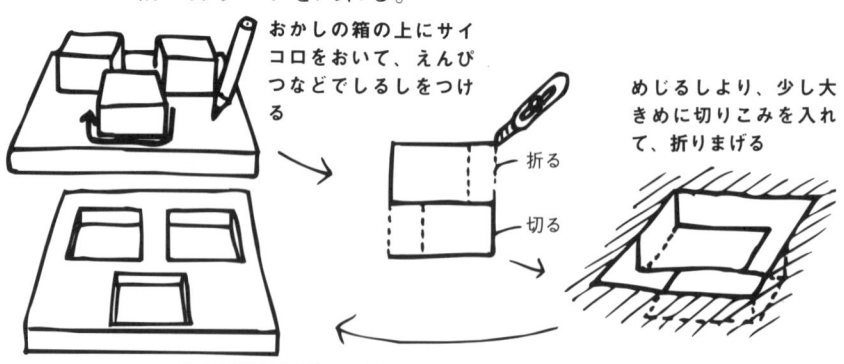

おかしの箱の上にサイコロをおいて、えんぴつなどでしるしをつける

折る
切る

めじるしより、少し大きめに切りこみを入れて、折りまげる

3ケ所同じようにつくる

❸ 箱とサイコロに、顔と同じ色の紙をはる。
❹ 箱に、頭などを書く。

サイコロは
6面ともはる

❺目とまゆ毛や口は別の紙に書いて、切りぬく。

❻右目、左目、口のサイコロを決め、バラバラになるようにはる。

左目のサイコロには、全部左目とまゆ毛

サイコロのかどを、セロテープできれいにはって仕上げる

みんなで遊ぼ！　楽しいゲーム

遊び方

サイコロを3個ふって、でた部分を上にして、箱のそれぞれの場所へはめこむ。
いろんな顔ができてたのしいよ

【18 キャラクターがかわる サイコロパズル】

用意するもの
牛乳パック（1ℓ）
画用紙

つくり方

❶ 牛乳パックを輪切りにする。

6.5cm

箱をつぶしてカッターナイフで切るとよい

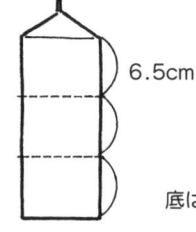

6.5cmだと失敗しやすいので6.3cmくらいでもよい

底は切りとる

❷ 2つはそのままで、1つだけのりをはがす。

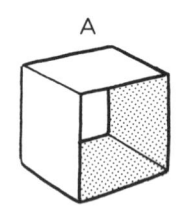

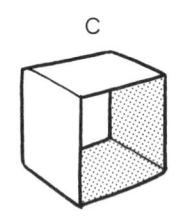

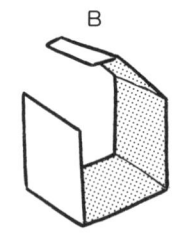

A　　C　　B

❸ Bを使って3つをつなぐ。

①2つならべる

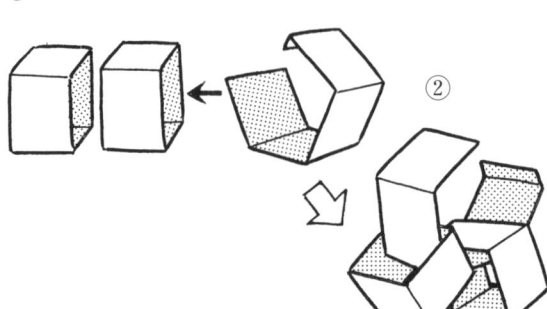

②

③BをACに通してもとのようにはる

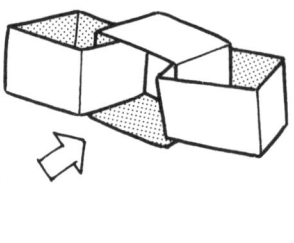

❹つながったものを組みあわせてサイコロをつくる。

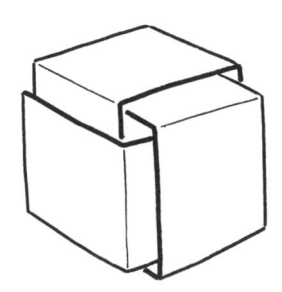

❺7cm×7cmの紙に6枚ずつ、2種類の絵をかく。

7cm
7cm

❻まず1種類の絵を6面にはる。

きれいな色をぬってもよい

❼サイコロをくずす。絵のついていない所が6面あるので、そこにもう1種類の絵をはる。

同じキャラクターがわかりやすい

遊び方 1度くずして、同じキャラクターが6面にでるようにサイコロをつくろう！

2種類できるよ！

みんなで遊ぼ！ 楽しいゲーム

サイコロパズル見本　　　コピーしてつくってみよう！

| のり | のり | のり |

A　B　C

つくり方
❶ABCを切りはなし、折りめをつける。
❷つなぎ方はp.48を見てね！

19 はっけよい、のこった！ トントンずもう

用意するもの
牛乳パック
画用紙

みんなで遊ぼ！　楽しいゲーム

つくり方

❶牛乳パックの下を4～5cm切りとる。

4～5cm

❷前になる方を決め、別紙におすもうさんの顔や体をかいて、はりつける。

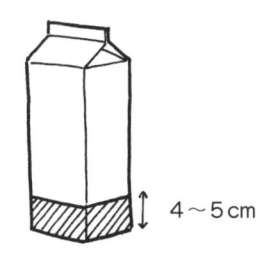

体もかいてはってもいいね

❸前になる方の下に、2cmくらいの切りこみを入れ、外に折りかえす。

2cm　折りあげる　切りこみ2cm

❹パックを切ってつくった手をつけ、まわしなどをかざってできあがり。

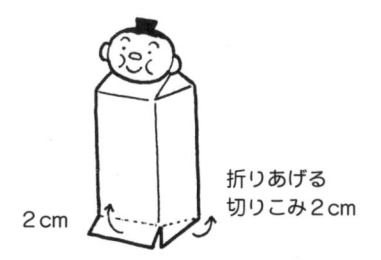

2体以上つくって、土ひょう（箱などでつくる）の上でトントンずもうをしよう！

【20 牛乳パックのブロック】
組みあわせていろいろつくろう

用意するもの
牛乳パック

牛乳パックはかさばるので、ためておくのが大変です。そこで、日ごろから切りわけておくと便利。

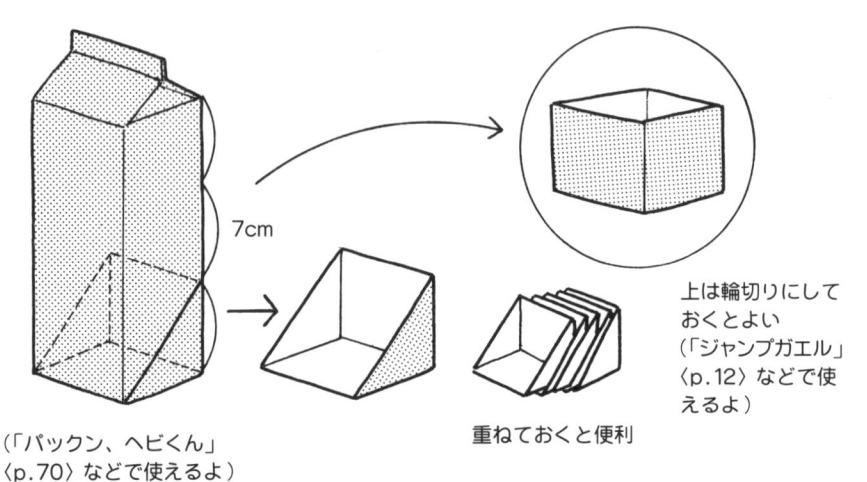

7cm

（「パックン、ヘビくん」〈p.70〉などで使えるよ）

重ねておくと便利

上は輪切りにしておくとよい（「ジャンプガエル」〈p.12〉などで使えるよ）

52

ブロック遊びをしよう

A　ピラミッドのつくり方

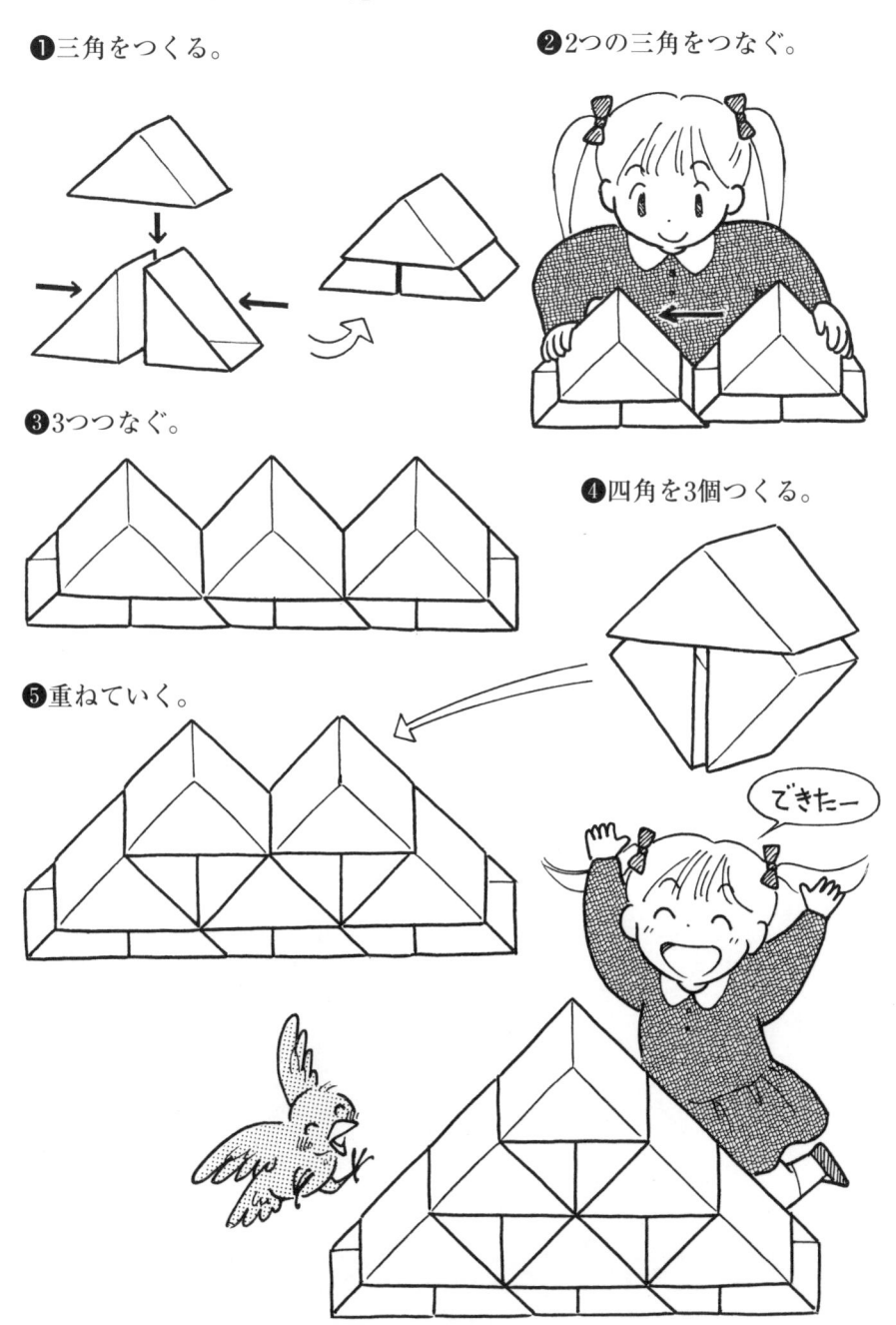

❶三角をつくる。

❷2つの三角をつなぐ。

❸3つつなぐ。

❹四角を3個つくる。

❺重ねていく。

できたー

種類もいろいろ！　手づくりおもちゃ

B　組み箱のつくり方

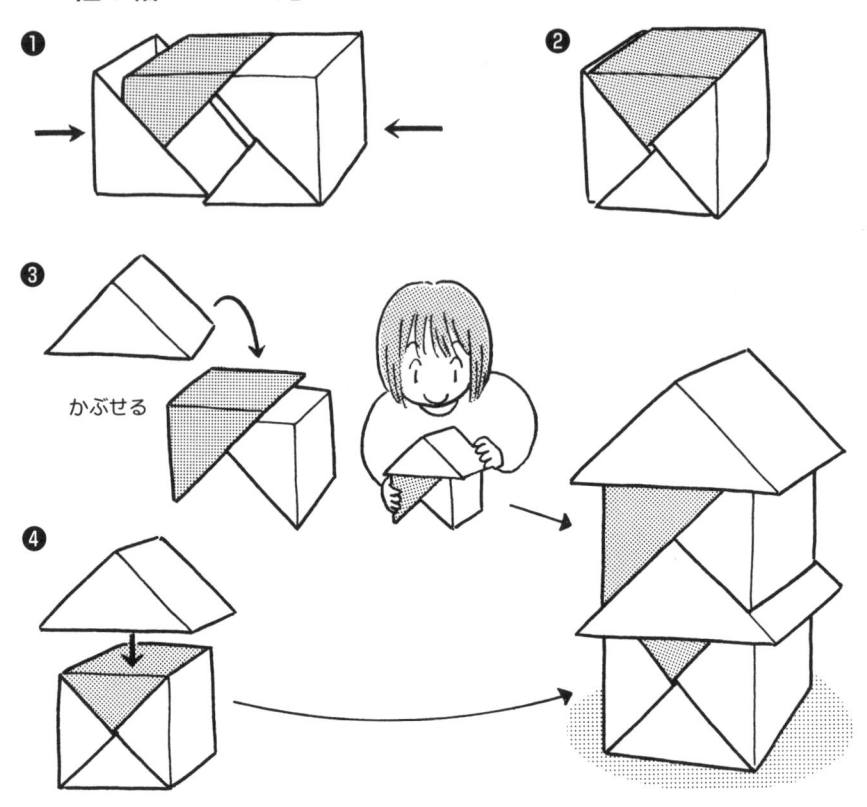

❶

❷

❸
かぶせる

❹

やってみよう

AとBを使って、いろいろなものにちょうせんしてみよう！

お城が
できたわ

数がたりない時は、下のようなつくり方でもいいよ！

❶ 4等分に切る。

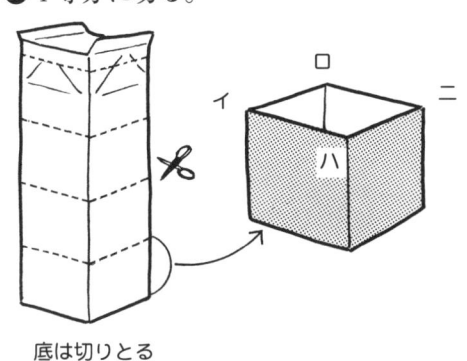

底は切りとる

❷ イとロ、ハとニをあわせる。

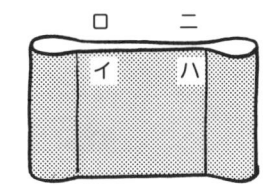

❸ 点線を矢印の方向に折る。

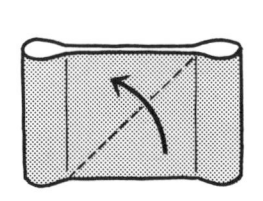

❹ 図のように重ねる。

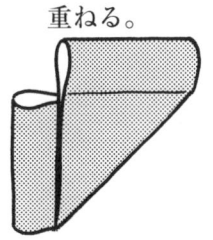

❺ 折りめをつけてもとにもどす。

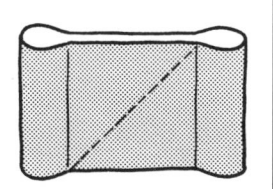

❻ 矢印の方向におしこむ。

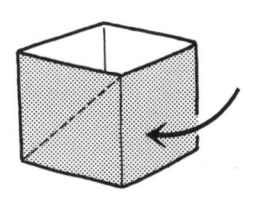

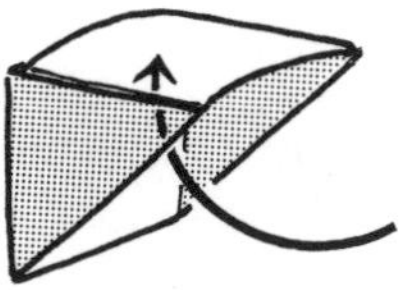

❼ 折り目をしっかりつける。

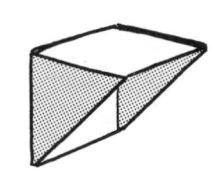

❽ セロハンテープでとめる。

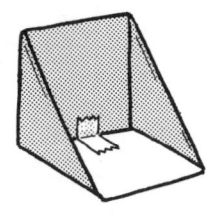

種類もいろいろ！　手づくりおもちゃ

【21】手づくりちえの輪 おにのカギはずし

用意するもの
牛乳パック（1ℓを2本）

つくり方

❶ 牛乳パックを切りひらく。

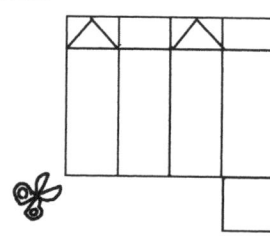

❷ 板面を2枚、2つ折りにして、おにと魚をつくる。

顔のはばと口のはばは、折った時にそれぞれ同じになるようにする

下がきをしてもいいし、イメージをしてそのまま切ってもよい

魚の長さは、おにが口を広げた時の長さより長く切るとよい

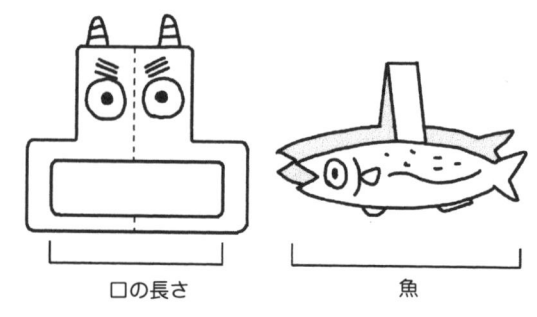

口の長さ　　魚

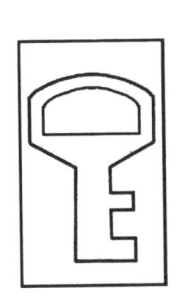

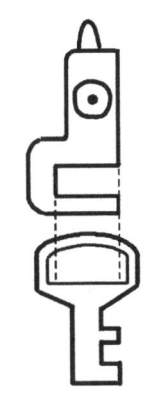

❸牛乳パックの板紙1枚で、
カギをつくる。

カギの口はおにの顔半分より広くする

牛乳パック1本からつくる時は、おにと魚のサイズを小さくするとつくれるよ！

❹おにと魚とカギを組みあわせる。

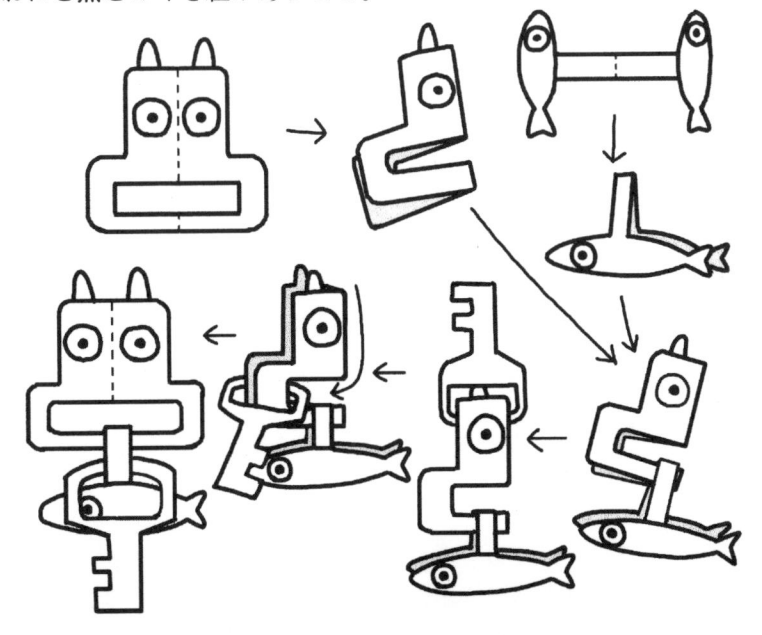

種類もいろいろ！　手づくりおもちゃ

遊び方

やぶったりひねったりしないで、カギをはずそう！

【22】いい音するかな？ ビュンビュンごま

用意するもの
牛乳パック（1ℓ）
たこ糸
ホッチキスか
　ビニールテープ

つくり方

❶ 牛乳パックの1面に、1つ図面をかく。　6cm　6cm

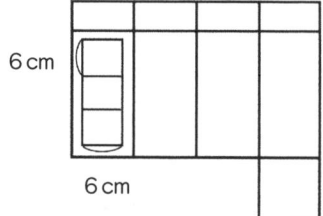

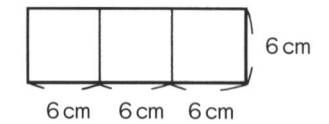

❷ 切りとる。　6cm　6cm　6cm　6cm

❸ 3つに折りたたむ。

かるく切れ目をつけると、
かんたんにたためる

❹ ボンドをつけてはりあわせ、ホッチキスやビニールテープなどでまわりをとめる。

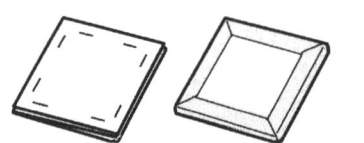

❺ 中心から5mmずつの所に、2つ穴をあける。

どちらのあけ方でもよい

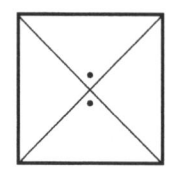

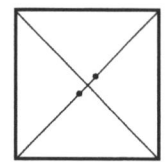

❻80cmくらいのたこ糸を通す。

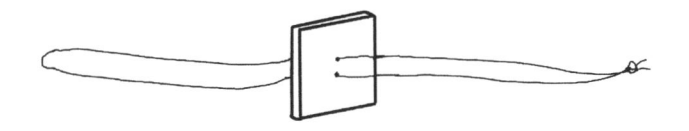

遊び方

❶よく回転をつけてから、左右にひっぱる。

❷ゆるめると回転がもどって、逆回転になる。

❸また左右にひっぱる。何度もくりかえすと、音をあげてビュンビュンまわるよ。

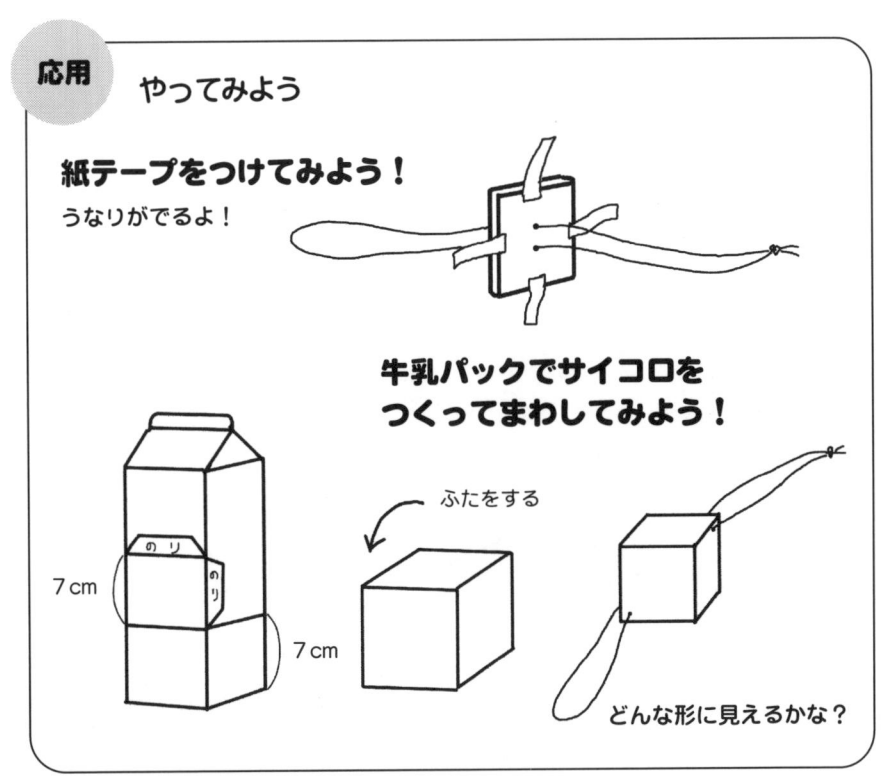

種類もいろいろ！　手づくりおもちゃ

応用　やってみよう

紙テープをつけてみよう！
うなりがでるよ！

牛乳パックでサイコロをつくってまわしてみよう！

7cm

のり　のり

7cm

ふたをする

どんな形に見えるかな？

23 じょうずにキャッチ！ジャンピングケン玉

用意するもの
牛乳パック（1ℓ）
トイレットペーパーのしん
フィルムケースのフタ
木工ボンドかガムテープ

おっ入るかな？

つくり方

❶ 牛乳パックを切る。

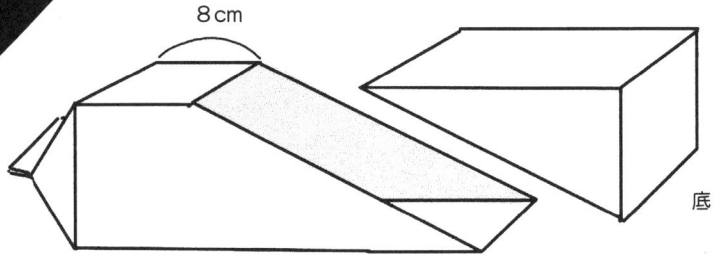

8cm

底

❷ トイレットペーパーのしんを切る。

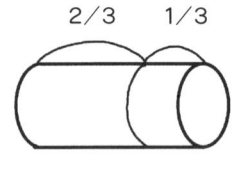

2/3　1/3

❸ ボンドやガムテープで、トイレットペーパーのしんを牛乳パックにはる。

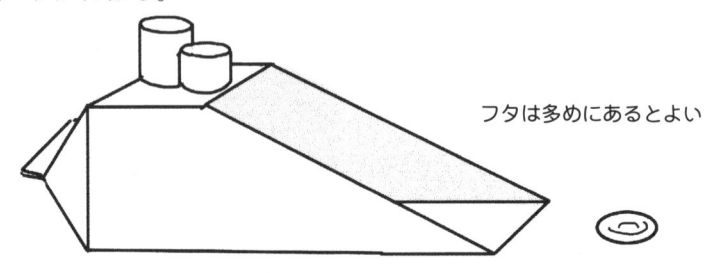

フタは多めにあるとよい

フィルムケースのフタ

遊び方

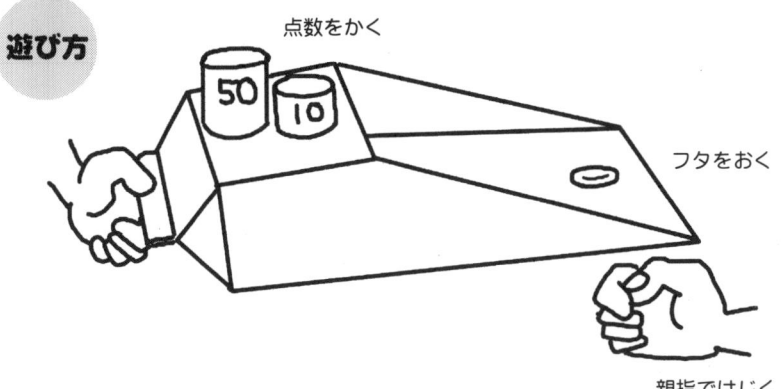

点数をかく
フタをおく
親指ではじく

❶ フタを牛乳パックの先におく。
❷ 牛乳パックの下を、親指ではじく。
❸ ジャンプしたフタを、トイレットペーパーのしんでキャッチする。
❹ トイレットペーパーのしんに点数をつけておく。
　低い方がやさしいので、点をひくくする

応用

● 牛乳パックで人をつくって、ビンのフタにはる。
　足をひらいた時、トイレットペーパーのしんの
　中に入るようにつくろう

● 幼児向けには、トイレットペーパーのしんのかわりにヨーグルトなどの容器をうめこんでもよい。

ビンのフタに入れるとよい

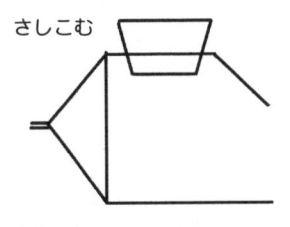

さしこむ

断面図

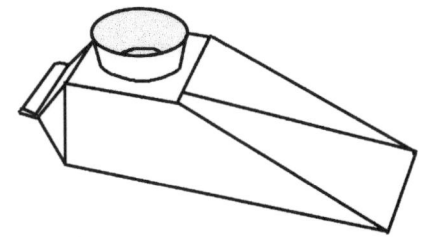

● 10円玉や5円玉を使って、ちょ金ゲームを考えてみよう。

種類もいろいろ！　手づくりおもちゃ

24 ねずみとりケン玉
ねことねずみが追いかけっこ

用意するもの
牛乳パック（1ℓと500㎖）
フィルムケース　ビー玉
たこ糸　ホッチキス
木工ボンドかガムテープ

つくり方

❶牛乳パック（1ℓ）を図のように切る。

10cm　A
B
3.5cm
8cm

ホッチキスでとめておく

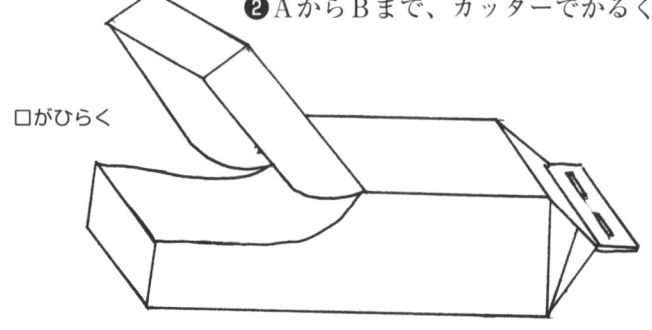

❷AからBまで、カッターでかるく折り目をつける。

口がひらく

❸ねこの手をかく。500㎖の牛乳パックに、ねこの絵をかく。

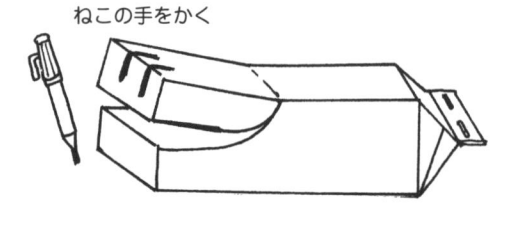

ねこの手をかく

紙にかいてはるのもよい

❹牛乳パックに固定する。

こわい……

ボンドやガムテープではる

❺フィルムケースにビー玉と50cmのたこ糸を入れてフタをする。

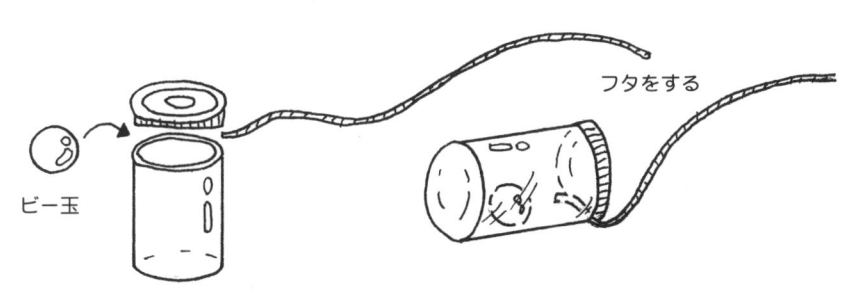

ビー玉

フタをする

❻牛乳パックの口の所につける。

ホッチキスでとめてもいいし、ガムテープではってもよい

できた

ねずみにするとよい

種類もいろいろ！　手づくりおもちゃ

遊び方

両手または片手で持って、フィルムケースをキャッチしよう。

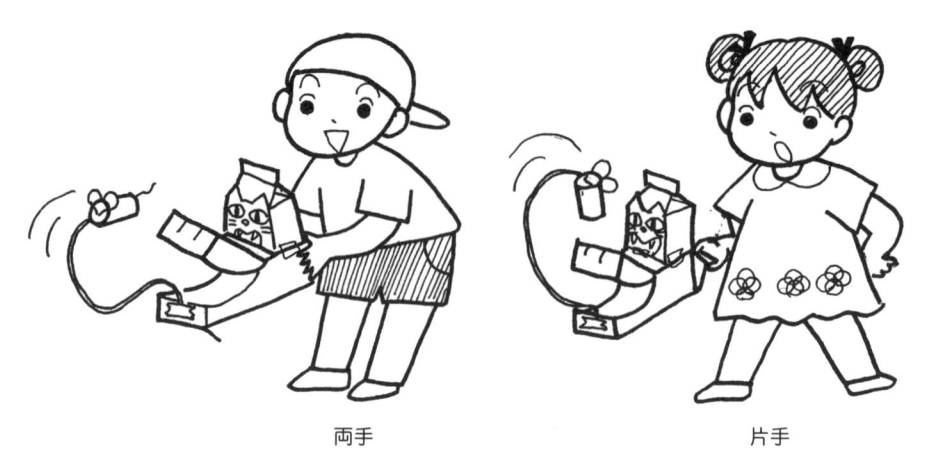

両手　　　　　　　　　　　片手

パックンとキャッチしよう

じょうずにやるコツ

前におしだしてキャッチしてみよう！

幼児は、上にむけると、口があいてかんたんだよ！

25 虫かご&水そうBOX
海へ山へレッツゴー！

用意するもの
牛乳パック（1ℓ）
ひも

種類もいろいろ！　手づくりおもちゃ

つくり方

❶ 牛乳パックのあけ口を上にして、1cmずつの線をひく

口のあいた方を上にする

❷ カッターで1つおきに切りとる。

❸ ひもをつける。

使い方

A　横にして、虫かごとして使う。

B　たてにして、水そうとして使う。

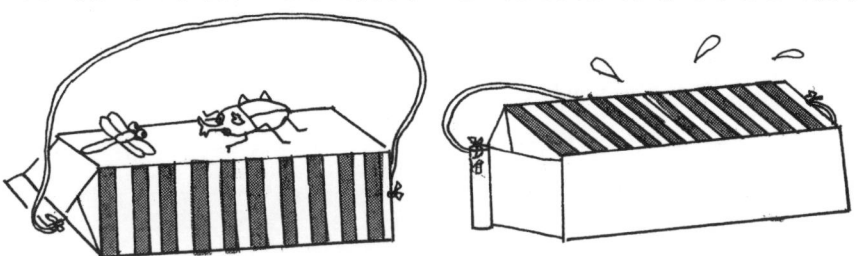

65

【26 野球ゲームもできる インスタントうらないBOX】

あなたのラブラブ運は……
占い
たかしくん……

用意するもの
牛乳パック
わりばし（たくさん。先の丸いものがよい）

つくり方

❶ 牛乳パックに穴をあける。

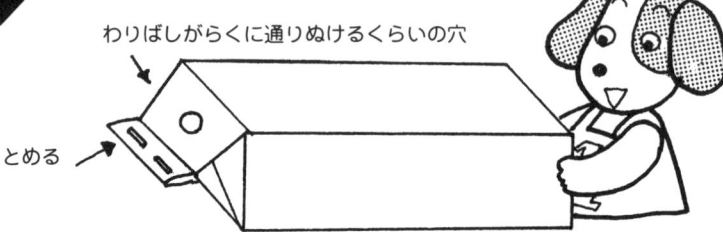

わりばしがらくに通りぬけるくらいの穴
とめる

❷ きれいな紙をはって絵をかく。

❸ わりばしに番号をつける。

①
②
③
④

うらない表をつくろう

別紙に、わりばしの数だけつくる。

例

① 先生におこられるぞ
② 恋人ができるよ
③ 朝ごはんをたべないと、立たされるおそれあり
④ おとしものするよ。気をつけよう
⑤ 友だちとケンカになるよ
⑥ お父さんのおみやげのよかん
⑦ 新しい洋服をかってもらえるぞ
⑧ 宿だいをわすれると、ころびやすいよ。気をつけよう

遊び方

❶わりばし（数字を上にする）を、全部牛乳パックの中に入れる。

❷よくふって、さかさまにして1本とりだす。

❸出てきたわりばしの番号を見て、表をよむ。

応用　野球ゲームにしてみよう

表をつくろう

①	アウト	⑥	アウト
②	アウト	⑦	ホームラン
③	ヒット	⑧	ボール
④	ヒット	⑨	ストライク
⑤	アウト	⑩	2るい打

遊び方

ベースをつくって、野球ゲームを楽しもう！

種類もいろいろ！　手づくりおもちゃ

27 ポラロイドカメラ
にっこりわらってハイ、パチリ

「わー写真が出てきた」

用意するもの
牛乳パック（１ℓ）
たこ糸
画用紙
ホッチキスか木工ボンド

つくり方

❶ 牛乳パックを切る。

- 仕切りになる
- 6.5cm
- 3.5cm
- 5cm
- 7cm
- 1cm
- 箱になる
- 1cm
- 3.5cm
- 1cm
- 3.5cm

❷ 箱に仕切りをつける。

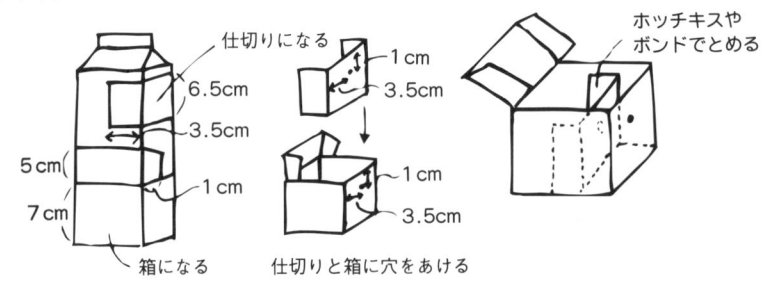

ホッチキスやボンドでとめる

仕切りと箱に穴をあける

❸ 仕切りから箱にたこ糸を通して、糸どめをつける。

糸どめ

❹ フタをして、写真を入れておくポケットをつくる。

フタ
切りこみを入れる
2cm
5mm
上に折りまげておく

❺ フタにカメラのレンズをかく。

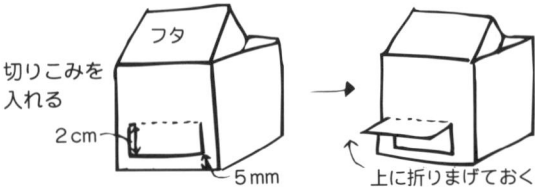

牛乳パックの底が裏になる

❻ 写真が前に入りこまないように、仕切りをつける。

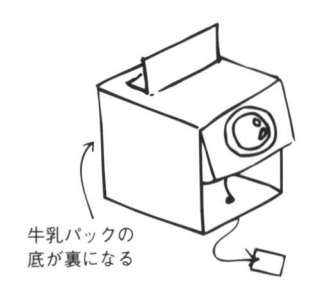

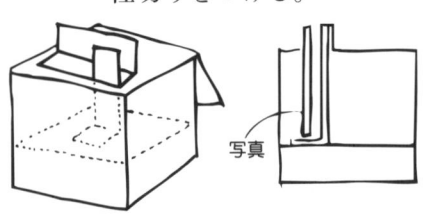

写真

ボンドでとめてもよいし、とめなくてもよい。
とめないと、ものが入れられるよ

❼画用紙に絵をかいて写真をつくる。

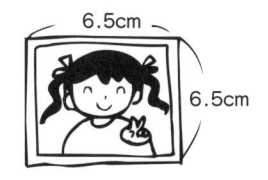

6.5cm
6.5cm

遊び方

❶レンズの下のすきまに、糸をおしこむようにして写真を入れる。

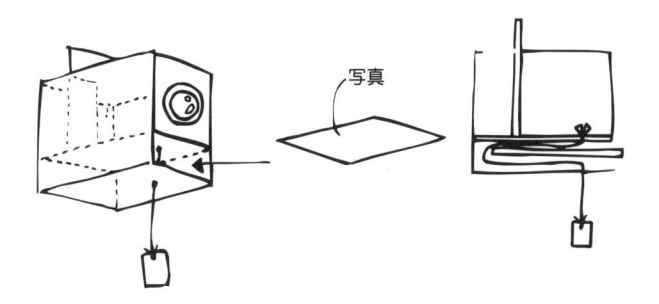

写真

❷ひもをゆっくりひっぱると、前から写真が出てくるよ!!

ひっぱる

パチリ

わあ
でて
きた！

種類もいろいろ！　手づくりおもちゃ

28 いい音するよ パックン、ヘビくん

用意するもの
牛乳パック（１ℓを２本）
輪ゴム
まがるストロー
あつ紙
マッチのじく
ガムテープ
千枚通し
色画用紙

あいて手をかじられた

つくり方

❶ ２本の牛乳パックを切る。

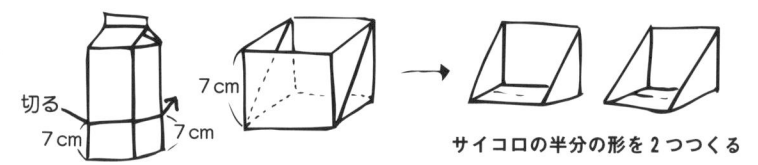

切る
7cm 7cm
7cm

→ サイコロの半分の形を２つつくる

❷ ２つをならべて、はる。

ガムテープ

ガムテープを机におき、牛乳パックを上からおくとよい

バランスを考えもう１つをはる

少しあけぎみにはる

内側は、はらなくてもよい

❸ 底に近い部分に、穴をあける。

千枚通しで穴をあける

❹ 輪ゴムを通し、マッチのじく（ようじ）などでとめる。
　輪ゴムは、たこ糸などをつかって通すとよい

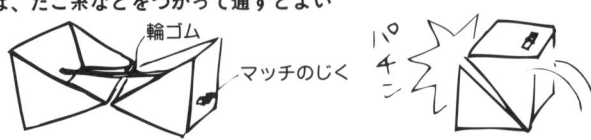

輪ゴム
マッチのじく
パチン

★ 手をはなすと、牛乳パックがパチンととじるようにする。

❺上にあつ紙で、つる部分をつくる。

まん中にストローの通る穴をあける

しっかりつける

前　後

❻目や舌やからだを切りぬいて、箱につける。

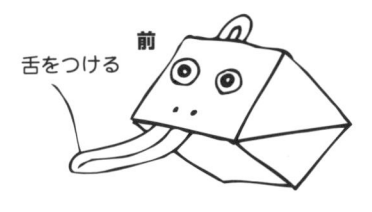

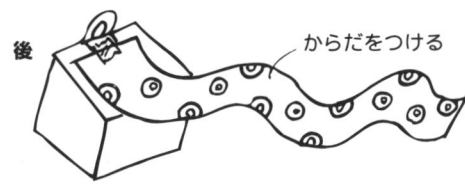

舌をつける　前　後　からだをつける

パックンねこちゃん

正面にねこのかおをかく。耳や手、足、しっぽをつければかわいいねこちゃんができるよ

種類もいろいろ！　手づくりおもちゃ

遊び方

❶ヘビの口をひらいてふせておく。

❷前から、先のまがるストローでひっかけ、つる。

❸つり上げると、パクンといい音がするよ。

【29】どんどん絵が出てくる 回転絵本

用意するもの
牛乳パック（1ℓを2本）
12cm×110cmの用紙
3cm×110cmの色つきのラシャ紙（2枚）
洗たくばさみ　ガムテープ
木工ボンド

つくり方

❶ 牛乳パックを18cmの輪切りにする（2本）。

❷ ガムテープをはって1枚の板紙にする。
　これを2枚つくる

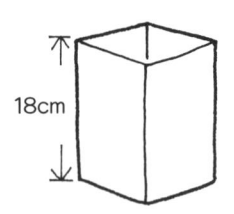

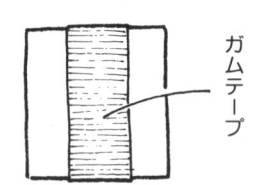

❸ 板紙Aに、色つきのラシャ紙をまく。
　上にまく
　下にまく（同じ方向）
　洗たくばさみではさんでおく

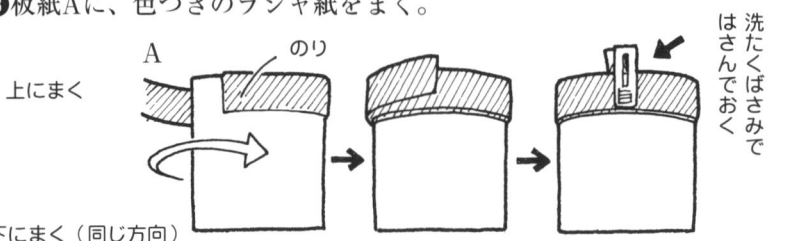

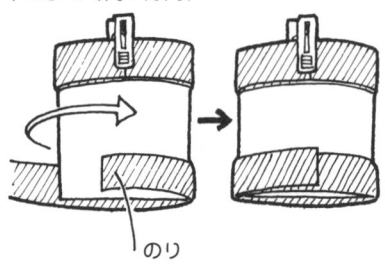

❹ もう1枚の板紙Bに、白いラシャ紙をまく。

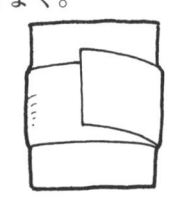

❺AとBを組みあわせる。

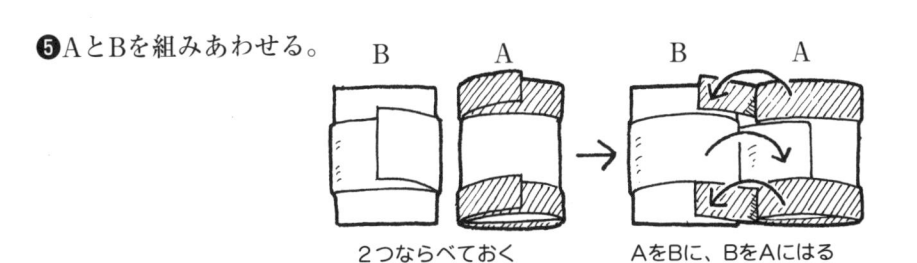

2つならべておく　　　AをBに、BをAにはる

❻回転させるように巻いていく。
❼巻き終わった所から絵をかいていく。

できあがった絵本は、回転させながら見ていこう。どんどん絵が出てくるよ！

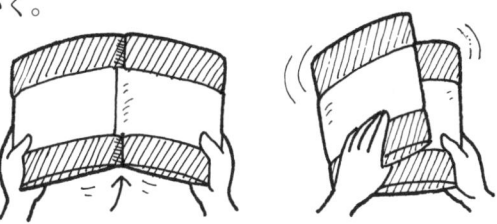

発展 平面の回転絵本を、立体でつくってみよう

ラシャ紙を長くすると場面が多くなる

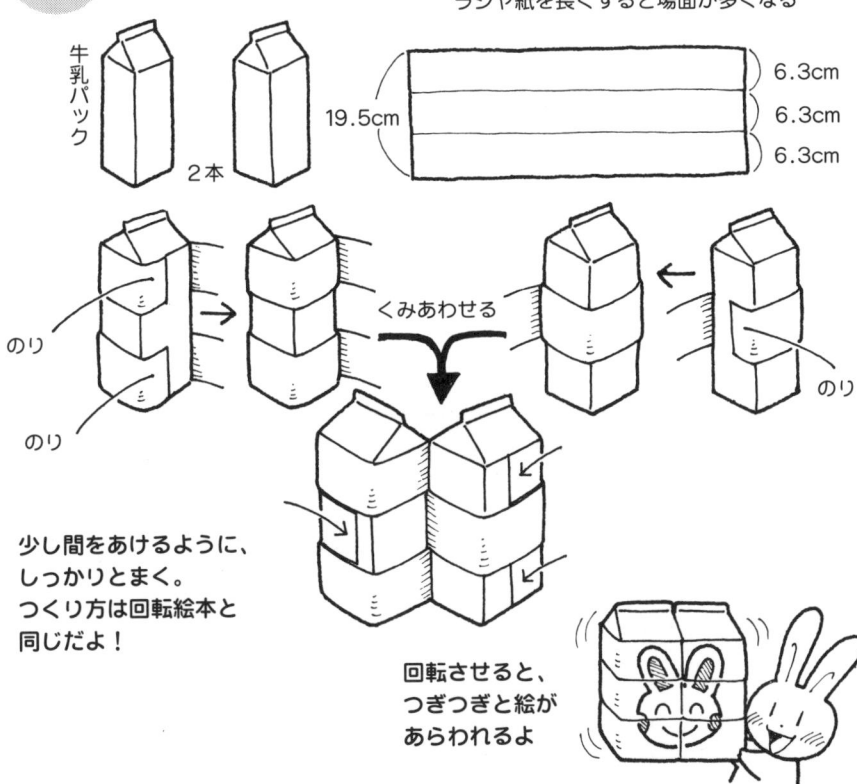

牛乳パック　2本

19.5cm
6.3cm
6.3cm
6.3cm

のり　のり　くみあわせる　のり

少し間をあけるように、しっかりとまく。
つくり方は回転絵本と同じだよ！

回転させると、つぎつぎと絵があらわれるよ

種類もいろいろ！ 手づくりおもちゃ

30 ハンドパワー機

超能力（？）でコップがうくよ！

「超能力〜〜」
「うぃぃぃぃぃ」
「すごーい」

用意するもの
牛乳パック（1ℓ）
紙コップ
FAX用紙のしん　ストロー
たこ糸か糸　ガムテープ
千枚通し　両面テープ

つくり方

❶ 牛乳パックの口を一方だけあける。両方あいている時は、一方をとじる。

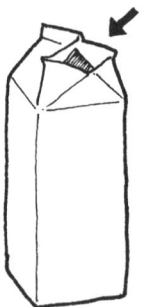

❷ 口の近くに穴をあける。

❸ FAX用紙のしんに20cmくらいのたこ糸をつける。

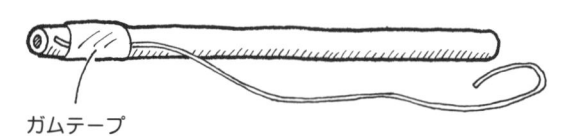

ガムテープ

はしなど長めの棒であれば何でもよい（牛乳パックより長いもの）

❹ 牛乳パックに、糸のついている方を下にして入れ、糸は穴から外に出す。

❺外に出した糸の先に、1cmほどに切ったストローをつける。

しばる

セロハンテープではってもよい

ほかに、牛乳パックで指の入る輪をつくってもいいし、クリップでもよい

ふしぎだね！ びっくりおもちゃ

❻紙コップに絵をかき、底に両面テープをつける。

両面テープ
（ボンドでもよい）

❼FAX用紙のしんの先につける。

上にのせるものは、紙コップのほかに紙ふうせんなど、いろいろ考えてみよう！

できたっ

75

遊び方

❶ 左手で持つ。

❷ 人さし指で、ストローをおさえる。

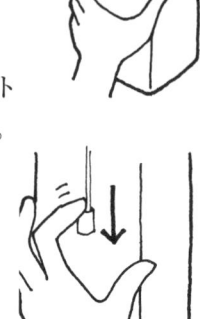

❸ ストローを下にひくと、しんが持ちあがり、紙コップがうく。

「ハンドパワー」と言って、右手で底をおしあげたり上にひきあげるポーズをとる

ひもはかならず後ろがわにして、みんなから見えないようにしてね！

応用 ストローで棒をつくる場合

❶ ストロー2本をつなぐ。

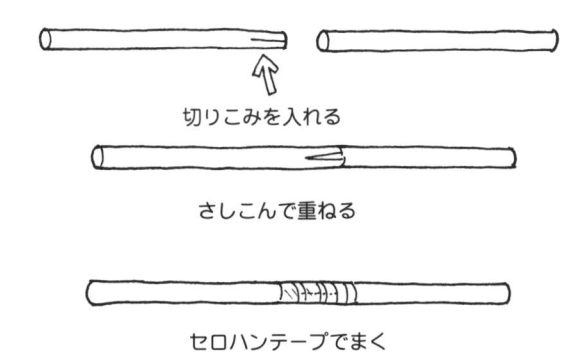

切りこみを入れる

さしこんで重ねる

セロハンテープでまく

❷ 先を4つか6つに切りひらく。

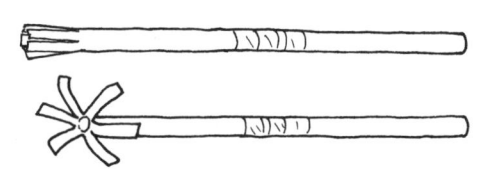

❸ トイレットペーパーのしんにつける。

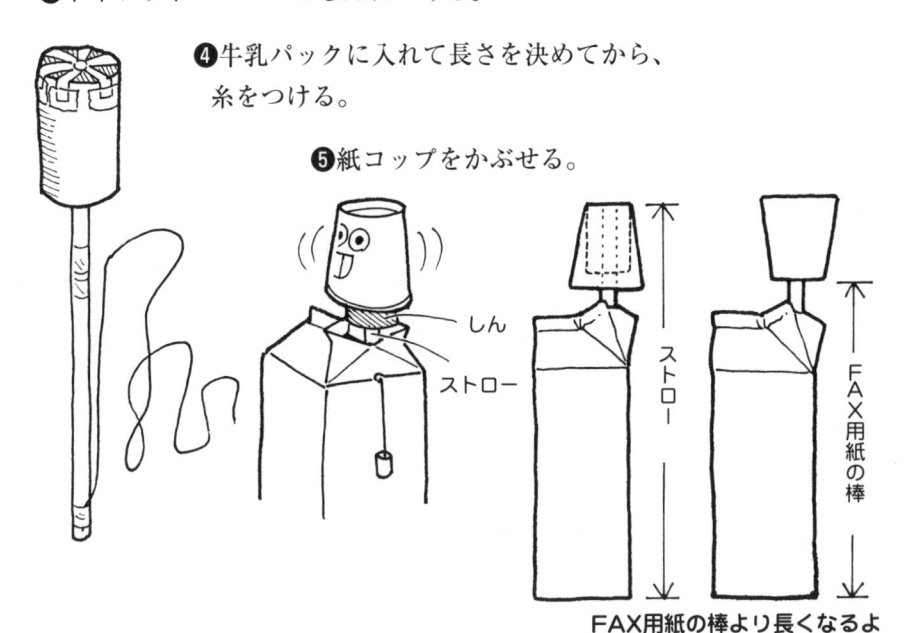

❹ 牛乳パックに入れて長さを決めてから、糸をつける。

❺ 紙コップをかぶせる。

しん
ストロー

ストロー

FAX用紙の棒

FAX用紙の棒より長くなるよ

ふしぎだね！　びっくりおもちゃ

【31】ふくと出てくるびっくり箱 ドラキュラBOX

用意するもの
牛乳パック（1ℓ）
まがるストロー
油性ペン
スーパーなどにあるカサ入れのビニール袋
セロハンテープ

つくり方

❶ 牛乳パックを切って、ドラキュラがでるかんおけをつくる。

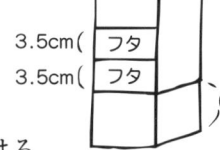

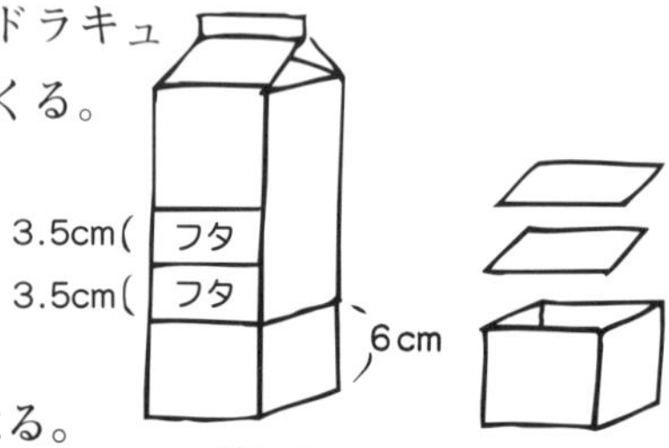

3.5cm（フタ）
3.5cm（フタ）
6cm

❷ フタの外側をセロハンテープなどではる。

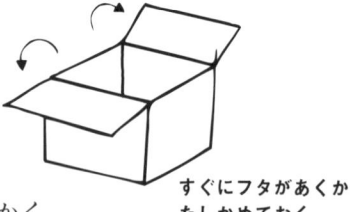

すぐにフタがあくかたしかめておく

❸ ビニール袋を切って、ドラキュラの絵をかく。

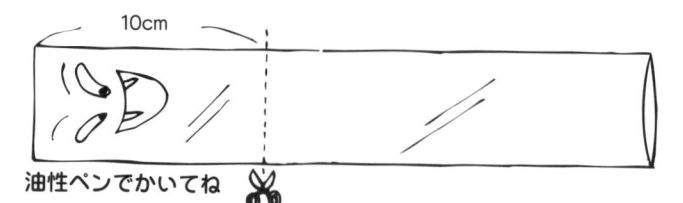

10cm

油性ペンでかいてね

❹ ストローに、ビニール袋をつける。空気がもれないように、セロハンテープを巻く。

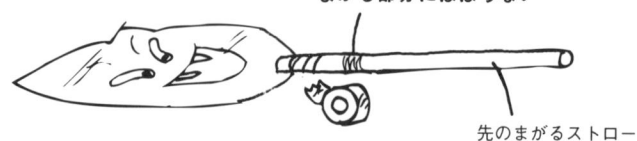

まがる部分にははらない

先のまがるストロー

❺牛乳パックのかんおけの横に穴をあけ、ストローを通して、セロハンテープなどで固定する。

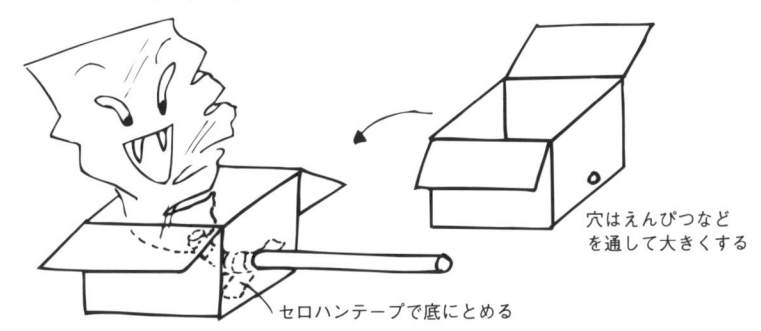

穴はえんぴつなどを通して大きくする

セロハンテープで底にとめる

❻ビニール袋の中の空気をぬき、フタをする。

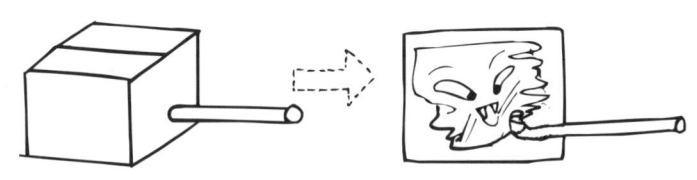

色紙などをはって、かんおけらしくするといいね

遊び方　おともだちの前で、ストローをふいてみましょう……。

プーッ

ギャーッ！

ふしぎだね！　びっくりおもちゃ

32 どんどんのびるよ ろくろっくび

つくり方

用意するもの
牛乳パック（1ℓ）
まがるストロー
カサの入るビニール袋（2枚）
セロハンテープ

❶ ビニール袋に、先のまがるストローをつけ、穴をあける。

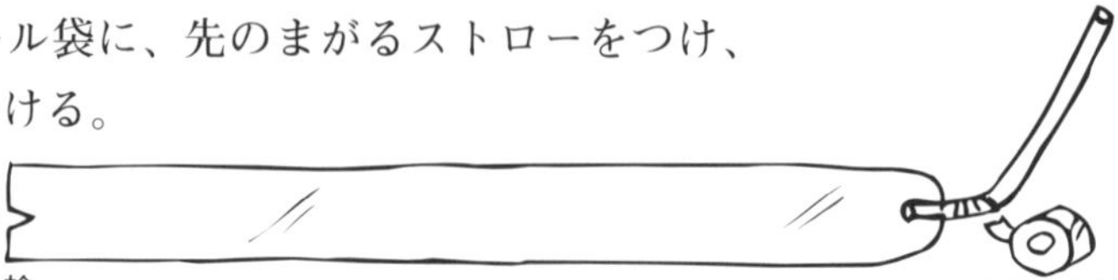

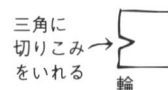

三角に切りこみをいれる　輪　セロハンテープでしっかりとめる

❷ もう1枚のビニール袋を、上からかぶせて2重にする。

❸ 油性マジックでおばけのかおをかく。

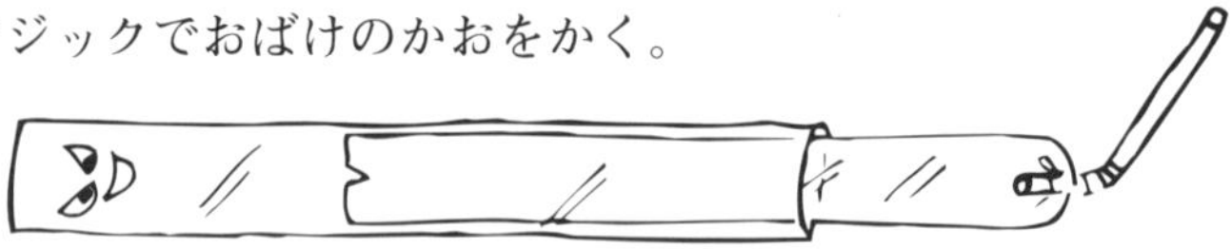

❹ 牛乳パックを切る。

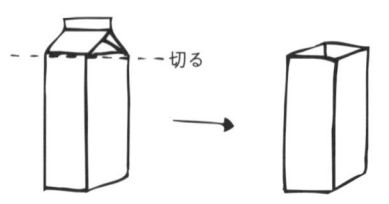

切る

❺ 牛乳パックの底に穴をあけ、ストローを通す。

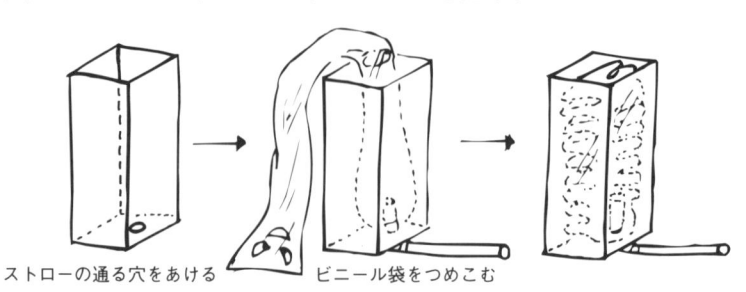

ストローの通る穴をあける　　ビニール袋をつめこむ

遊び方

ゆっくりゆっくり、気をぬかないでふいてみよう。
ふく、ふく、ふく、……
どんどんのびて、スポ〜ッとぬけるよ。
子どもたちに大人気です。

ふしぎだね！　びっくりおもちゃ

ヒュ〜ドドドド〜

すご〜い

あ〜

目がまわるから気をつけようね！

33 暗記もらくらく Q&A BOX

用意するもの
牛乳パック（1ℓを2本）
ビニールテープ
画用紙
セロハンテープ

「3×6は いくつかな？」
「18！」

つくり方

❶ 牛乳パックに穴をあける。

切りとる
6センチ
1センチ
6センチ
切りこみを入れて前に出す
カードが出てくる穴

❷ カードを送る台と、カードをうけて下に出す台をつくる。

カードを送る台
切りこみを入れてから内側へ折る
6センチ
6センチ
（表側）

カードを出す台
切りこみを入れてから内側へ折る
6センチ
2センチ
（裏側）

❸ 別の牛乳パックを切って、台の入り口をこていする。

1センチ
1センチ
7センチ

内側にはさむように

セロテープでとめる

❹カードを出す台を長くする。

長くするとカードが出やすくなるよ！

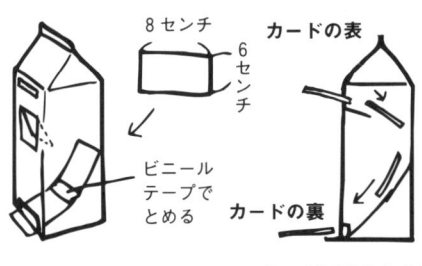

カードが、下まですべりおちるかをたしかめてね!!

8センチ
6センチ

ビニールテープでとめる

カードの表
カードの裏

カードが出やすくなる

❺折りこんであけた穴をふさぐ。

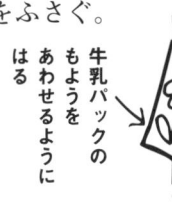

牛乳パックのもようをあわせるようにはる

和紙などで箱をはってもよい。じょうずにはってね

ふしぎだね！ びっくりおもちゃ

❻画用紙でカードをつくる。

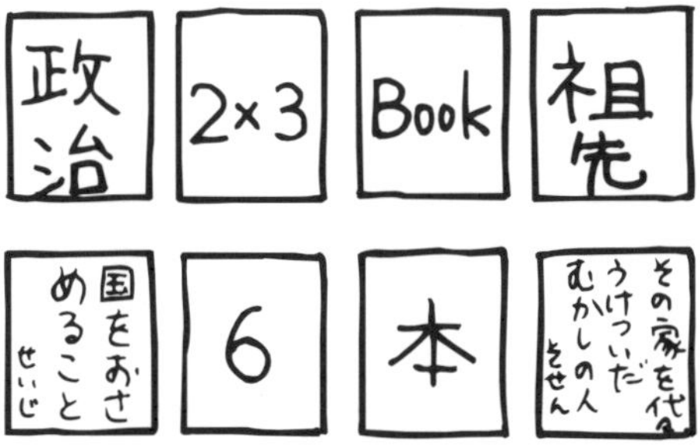

| 政治 | 2×3 | Book | 祖先 |

表にはもんだいをかく

| 国をおさめること せいじ | 6 | 本 | その家を代々うけついだむかしの人 そせん |

裏には答えをかく

遊び方

答えがわかる箱を机におき、もんだいをよみあげる。上から、もんだいが書いてある方を表にしてカードを入れる。すると下から、答えが書いてある方が表になってカードが出てきて、正かいがわかるよ!!

これなーんだ
ホタル？
うーん
答えはホタルだよ
あったりー
スゴイ！
表

34 変身BOX
あれ、絵が変わったよ！

用意するもの
牛乳パック（1ℓを3本）
セロハンテープ
木工ボンドかホッチキス

つくり方

❶ 牛乳パックを切る。

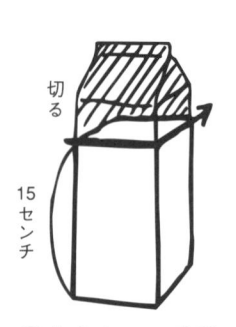

切る
15センチ

❷ 一方に、窓を2ケ所あける。

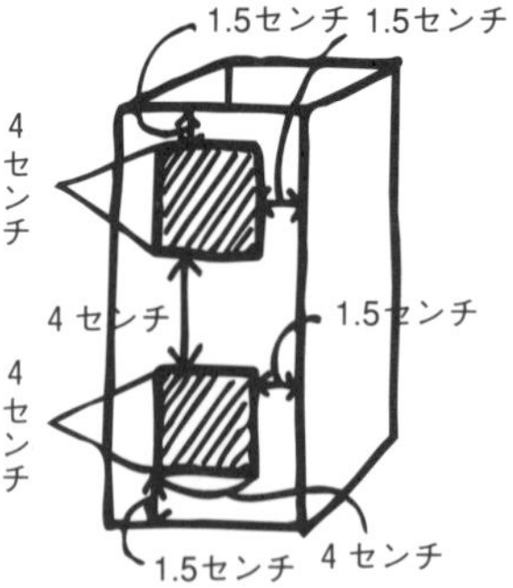

1.5センチ　1.5センチ
4センチ
4センチ
1.5センチ
1.5センチ　4センチ

❸ 横に、切りこみを入れる。

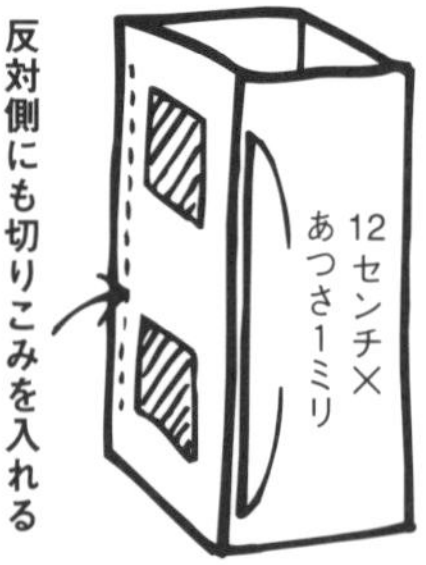

反対側にも切りこみを入れる
12センチ×あつさ1ミリ

❹ もう1つの牛乳パックを切る。

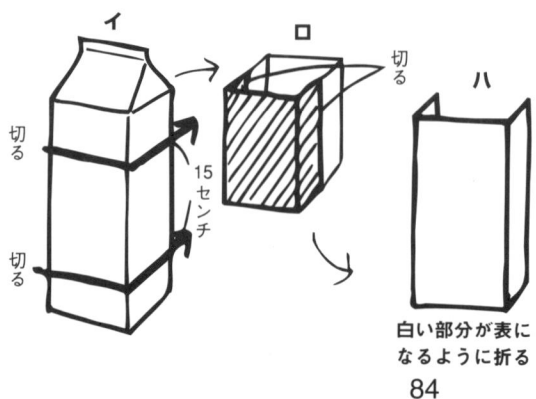

イ
切る
切る

ロ
切る
15センチ

ハ
白い部分が表になるように折る

❺ ハを箱に入れる。

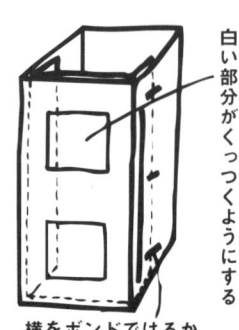

白い部分がくっつくようにする
横をボンドではるかホッチキスでとめる

❻ 3つめの牛乳パックを切り、箱の切りこみに通して、ゆるめにまく。

❼ 動く紙を上にして、上と下の窓にたまごの絵をかく。

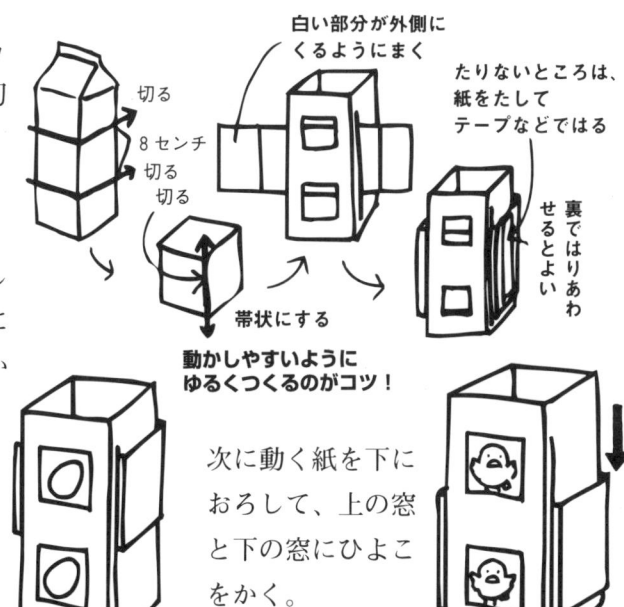

切る
8センチ
切る
切る

白い部分が外側にくるようにまく

帯状にする

動かしやすいようにゆるくつくるのがコツ！

たりないところは、紙をたしてテープなどではる

裏ではりあわせるとよい

次に動く紙を下におろして、上の窓と下の窓にひよこをかく。

ふしぎだね！　びっくりおもちゃ

遊び方　絵がらをかえてたくさんのおはなしをつくってみよう。
（魚があれあれふしぎ、骨だけになっちゃったよ…）
❶（机の上において）「ここに、たまごがあります」
❷両手で、つつをつくるようにして、牛乳パック（変身BOX）にかぶせて「1、2の3」と、手を下にずらす。
❸すると、絵がかわっている。「おや、ひよこになっちゃったね」

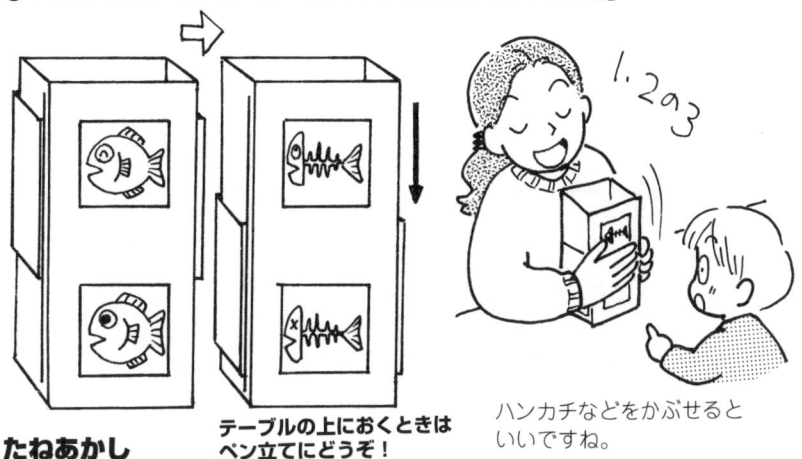

たねあかし

テーブルの上におくときはペン立てにどうぞ！

1、2の3

ハンカチなどをかぶせるといいですね。

下にずらすときに、手で前面をかくし、動くわくをいっしょに下げるようにする。

35 ポケットティッシュBOX
おかあさんも大よろこび

用意するもの
牛乳パック（1ℓを2本）
輪ゴム
和紙
ホッチキスかセロハンテープ

つくり方

❶ 牛乳パックを切る。

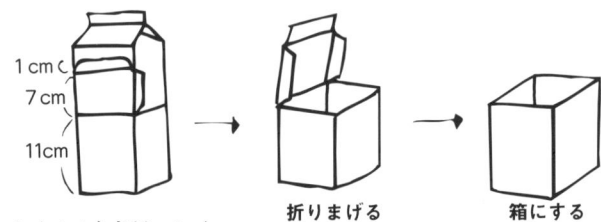

1cm / 7cm / 11cm
折りまげる　箱にする

❷ ペーパーのとり口を切りぬく。

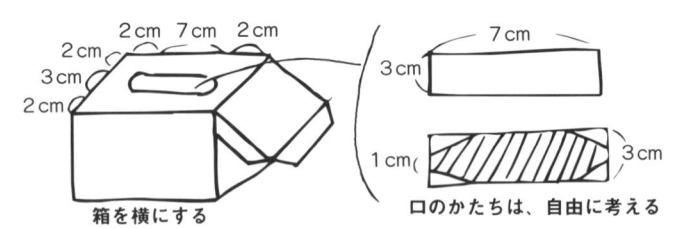

2cm　7cm　2cm
2cm
3cm
2cm
箱を横にする

7cm
3cm
1cm　3cm
口のかたちは、自由に考える

❸ もう1つの牛乳パックを切ってはりあわせる。

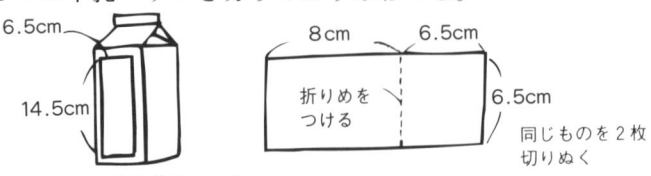

6.5cm
14.5cm
同じものを2枚切りとる

8cm　6.5cm
折りめをつける
6.5cm
同じものを2枚切りぬく

❹ はりあわせた牛乳パックをひらいて、図のように切る。

8cm
8cm
6.5cm
はりあわせる

切りとる
8　6.5　8
2　0.5　2　2
3
2.5　2.5　2　2.5
2　3　2　0.2
3　4
切りこみ
（単位はセンチ）

❺組みたてる。

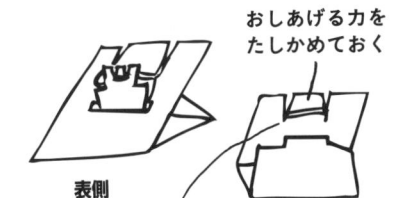

❻輪ゴムをかけてバネにする。

おしあげる力を
たしかめておく

表側　ホッチキスかセロハンテープでとめる　裏側

❼バネを、箱の中に入れる。

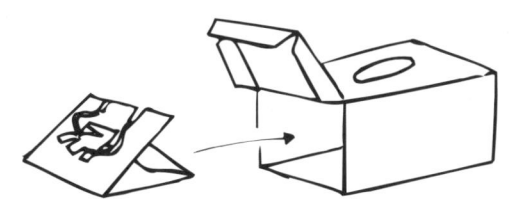

❽ポケットティッシュペーパー4〜5つをバネの上に入れ、フタをする。

あったら便利だね！　生活用品

つかい方

和紙をはるときれいだよ。
上からティッシュペーパーをひき出してつかおうね。
なくなると、下からおしあげてくるよ。

うふっ
ステキ

36 カバさんのティッシュ入れ
口がひらくよ

つくり方

用意するもの
牛乳パック（１ℓ）
木工ボンド

❶ 牛乳パックの口をひらいてから、箱にする。

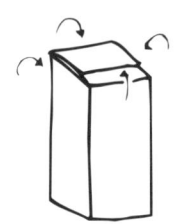

切りこみを入れる

たたんでボンドでとめる

❷ カバの口をかいて切りこみを入れる。

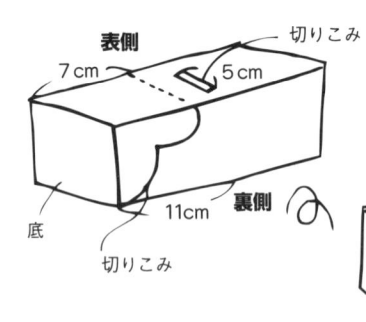

表側
切りこみ
7cm　5cm
底
11cm
裏側
切りこみ

❸ 裏側に切りこみを入れる。

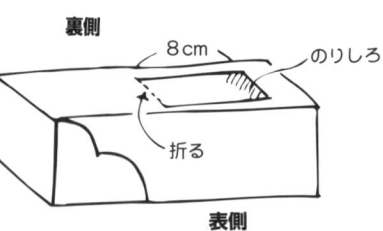

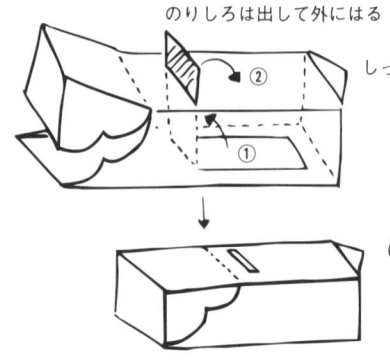

裏側
8cm
のりしろ
折る
表側

❹ 組みたてる。

のりしろは出して外にはる
②
①

しっぽをつける

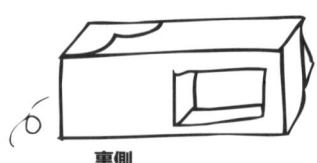

裏側

❺目や耳やはななどをかくか、はりつけて、カバさんのできあがり。

つかい方

❶口をあけて、ポケットティッシュを重ねて、いくつか入れておく。

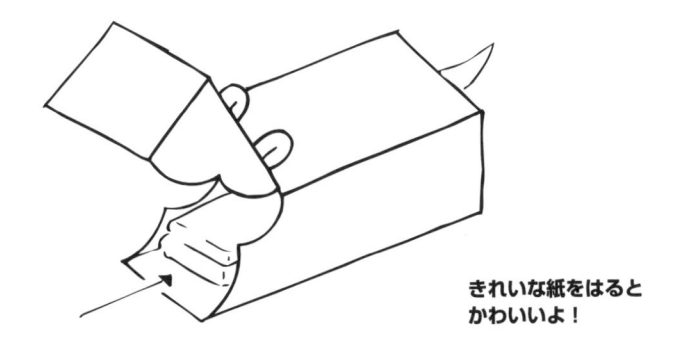

きれいな紙をはると
かわいいよ！

❷1つ分が出るだけ口をあけて、下から順にティッシュをとりだす。

かばさん
あーん
してね

あったら便利だね！ 生活用品

37 どこへいったの？ お金が消えるちょ金箱

お金がきえた〜

用意するもの
牛乳パック（1ℓ）
和紙　プラ板　木工ボンド
うすめのかがみ（7cm×9.5cm。かがみが手に入りにくい時は、アクリル製のかがみや、ツヤミラーシートなどでもよい）

つくり方

❶ 牛乳パックを切る。

牛乳パックのはりあわせている部分を後ろにする

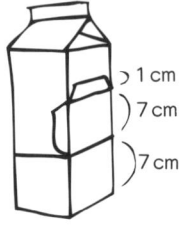

1cm
7cm
7cm

❷ マドを切りぬく。

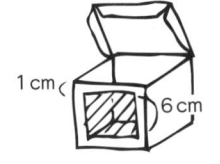

1cm
6cm

フタをあけて、別の牛乳パックをさしこんで切ると、安定して切りやすいよ！

❸ フタに、お金の入る穴をあける。
❹ 牛乳パックの内側に、和紙をはる。

和紙は、こまかいもようがよい

4ケ所にはる（左右と前のマドのわくと底の部分）

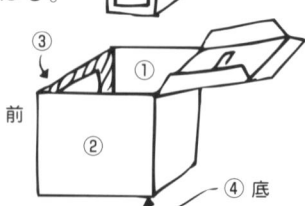

前
① ② ③ ④底

❺ かがみを下むきにして、ななめに入れる。

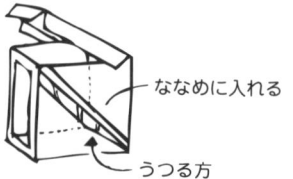

ななめに入れる
うつる方

マドからのぞいてかがみにうつっているところが、カラッポの部屋にみえるように、すきまなどを調べておこう。

❻のりしろを外にだしてはる。

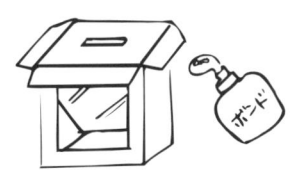

❼トンボやハートマークなどをつくり、半分に切って、中のかがみにはる。

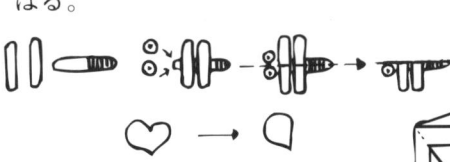

かがみにうつって、トンボが1匹にみえるように

❽プラ板をはる。

プラ板

ボンドがかわいてからマドにフタをするようにはってね!!

❾箱のまわりにきれいに和紙をはる。

お金を入れる穴は、ふさがないでね

あったら便利だね！　生活用品

つかい方

上からお金を入れてみて……。
なぜかな？
お金を入れたはずなのに、お金が消えちゃったよ！

消えた!!

たねあかし!!

マドからみると、かがみがはってあるから、トンボのういているカラッポの部屋にみえるんだよ。
だからお金が消えたようにおもうんだね。

38 ああよかった 消えてあらわれるちょ金箱

用意するもの
消えるちょ金箱
あつ紙
プラ板

つくり方

❶ 消えるちょ金箱（p.90）の裏を切りぬく。

（プラ板や和紙ははっていなくてもよい）

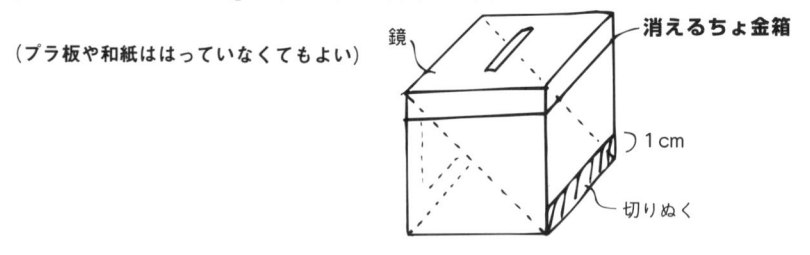

鏡
消えるちょ金箱
1cm
切りぬく

❷ あつ紙で、消えるちょ金箱をつつむ箱をつくる。

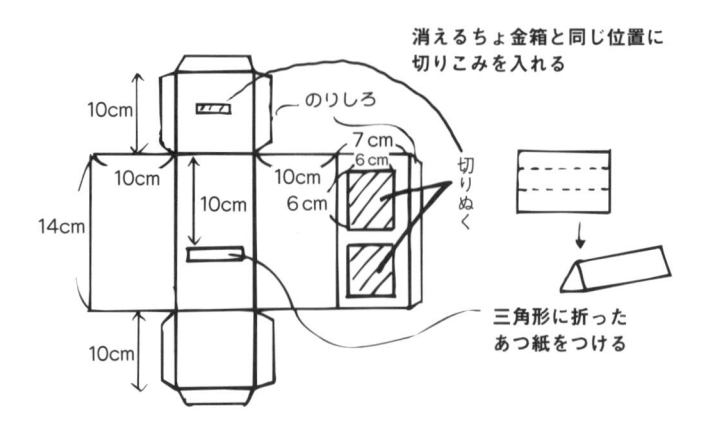

消えるちょ金箱と同じ位置に切りこみを入れる

のりしろ
10cm
10cm
14cm
10cm
7cm
6cm
10cm
6cm
10cm

切りぬく

三角形に折ったあつ紙をつける

❸箱で消えるちょ金箱をつつむ。
前に(上と下)、プラ板をはる。
箱に和紙をはって仕上げてね。

消えるちょ金箱の
マドと箱の上のマドを
あわせるようにつ
つむ

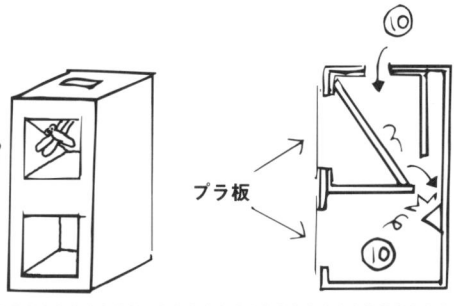

プラ板

あったら便利だね！ 生活用品

遊び方
お金を入れると… あっ消えたはずのお金があった！ あった！

★紙ねん土をはりつけるといろんな型のちょ金箱ができるよ。

わーでた

1度消えたのにふしぎ！

編著者紹介

木村　研
（きむら　けん）
1949年　鳥取県生まれ

現在
児童文学作家　日本児童文学者協会会員
あめんぼ同人　子どもの教育と文化研究所所員

著書
『一人でもやるぞ！と旅に出た』『おねしょがなおるおまじない！』
『おしっこでるでる大さくせん！』（いずれも　草炎社）
『999ひきのきょうだい』（ひさかたチャイルド）『わすれんぼうのぼう』（草土文化）
『子育てをたのしむ手づくり絵本』（ひとなる書房）
ゆびあそびシリーズ『⑤チラシであそぶ』『⑥割りばしであそぶ』
『⑦紙コップであそぶ』『⑧水であそぶ』（いずれも　星の環会）
『手づくりおもちゃ＆遊び ワンダーランド』『室内遊び・ゲーム ワンダーランド』
『手づくりあみ機で楽しむ あみもの＆プレゼントグッズ』
『こまった時の　クラスと行事のための手づくりグッズ』
『バラエティーカット集①給食＆保健カット』〈監修〉（いずれも　いかだ社）など

イラストをかいた人たち（あいうえお順）
あかまあきこ・いなみさなえ・岩崎美紀・上田泰子・かねこひろこ・
斉藤愛子・早川由美子・藤田章子

撮影協力
加島一十

ブックデザイン
渡辺美知子デザイン室

まるごと牛乳パック　リサイクル工作ランド

2000年6月17日第1刷発行
2002年7月11日第4刷発行

編著者●木村　研Ⓒ
発行人●新沼光太郎
発行所●株式会社いかだ社
〒102-0072 東京都千代田区飯田橋2-4-10 加島ビル
Tel. 03-3234-5365　Fax. 03-3234-5308
振替・00130-2-572993
印刷・製本　株式会社ミツワ

乱丁・落丁の場合はお取り換えいたします。
ISBN4-87051-096-0

● いかだ社の本

まるごとペットボトル リサイクル工作ランド
動くぞ！ 楽しいぞ！ 空き容器でつくるおもしろグッズ
すずお泰樹編著　A5判96ページ　定価(本体1300円+税)

まるごと牛乳パック リサイクル工作ランド
おもちゃ！ ゲーム！ 空き容器でつくるおもしろグッズ
木村 研編著　A5判96ページ　定価(本体1300円+税)

空飛ぶ空き容器 おもしろ工作ランド
ヒコーキ・ブーメラン・タコ とにかくよく飛ぶ！
すずお泰樹編著　A5判96ページ　定価(本体1300円+税)

ダンボール おもしろ工作ランド
小さいの大きいの、いろいろあるよ楽しいおもちゃ
すずお泰樹編著　A5判96ページ　定価(本体1300円+税)

手づくり貯金箱 おもしろ工作ランド
かざりがかわいい！ しかけが楽しい！
すずお泰樹編著　A5判96ページ　定価(本体1300円+税)

ねんど・古新聞でつくる手づくり貯金箱 おもしろ工作ランド
動物、たべもの、ほかにもいっぱい いろんな形をつくってみよう
井上征身編著　A5判96ページ　定価(本体1300円+税)

雑草からカードづくり ワンダーランド
紙のやさしいつくり方
木村光雄著　A5判96ページ　定価(本体1300円+税)

古代体験BOOK 縄文土器をつくろう
きれいな文様の焼きものにちょうせん！ 楽しいオリジナル土器もあるよ
いのうえせいしん編著　A5判96ページ　定価(本体1300円+税)

手づくりあみ機で楽しむ あみもの＆プレゼントグッズ
木村 研編著　A5判96ページ　定価(本体1300円+税)

手づくりおもちゃ＆遊び ワンダーランド
だれでもつくれて遊べる 100プラス発展11
木村 研編著　A5判208ページ　定価(本体1800円+税)

紙のおもちゃランド
つくって楽しい　遊んで楽しいベスト79
すずお泰樹編著　A5判176ページ　定価(本体1800円+税)

こまった時の クラスと行事のための手づくりグッズ
木村 研編著　B5判96ページ　定価(本体1400円+税)

科学で遊ぼ おもしろ実験ランド
クイズQ&A70
江川多喜雄編著　A5判200ページ　定価(本体1800円+税)

人体のふしぎ 子どものなぜ？に答える科学の本
江川多喜雄編著　A5判152ページ　定価(本体1800円+税)

校庭の科学 生きもの観察ランド
四季の草花・虫　さがしてみよう　調べてみよう
江川多喜雄・関口敏雄編著　A5判152ページ　定価(本体1800円+税)

算数わくわく楽習(がくしゅう)ランド
クイズ＆遊び＆ゲーム70
和田常雄編著　A5判176ページ　定価(本体1800円+税)

スーパースクール手品
子どもと楽しむマジック12カ月
奥田靖二編著　B5判96ページ　定価(本体1400円+税)

水遊び＆水泳 ワンダーランド
スイスイ遊べて泳げちゃうベスト81
黒井信隆編著　A5判176ページ　定価(本体1800円+税)

キャンプ＆野外生活 ワンダーランド
準備からテクニックまで だいじなことがよくわかる
神谷明宏・柴田俊明編著　A5判192ページ　定価(本体1800円+税)

バラエティーカット集 全3巻
❶給食＆保健カット ❷春夏秋冬草花カット ❸スーパー立体カット
B5判各96ページ　定価各(本体1800円+税)

使い方いろいろデザイン・カット集 全3巻
❶春夏ランド ❷夏秋ランド ❸秋冬ランド
B5判各128ページ　定価各(本体1800円+税)

中学校＆小学校高学年デザイン・カット集 全3巻
❶春夏ランド ❷秋冬ランド ❸冬春ランド
B5判各112ページ　定価各(本体1800円+税)